EN İYİ FAS YEMEK KİTABI

100 Modern Tarifle Zamansız Bir Mutfağın Yemeklerini Keşfetmek

ÖMER AYDIN

Telif Hakkı Malzemesi ©2024

Her hakkı saklıdır

, incelemede kullanılan kısa alıntılar dışında, yayıncının ve telif hakkı sahibinin uygun yazılı izni olmadan, hiçbir biçimde veya yöntemle kullanılamaz veya aktarılamaz . Bu kitap tıbbi, hukuki veya diğer profesyonel tavsiyelerin yerine geçmemelidir.

İÇİNDEKİLER

İÇİNDEKİLER	3
GİRİİŞ	6
KAHVALTI VE BRUNCH	**7**
1. Fas Krepleri (Baghrir)	8
2. Merguez Sosisli Fas Omleti	10
3. Fas Khobz'u	12
4. Fas Nane Çayı	15
5. Fas Şakşukası	17
6. Fas Ispanaklı ve Beyaz Omlet	19
7. Faslı Chicharrónes Con Huevo	21
8. Fas Kahvaltısı Sufle	23
9. Pastırma, Kırmızı Biber ve Mozzarella Frittata	25
10. Fas Fransız Tostu	27
11. Yüklü Fas Polentası	29
12. Armut ve Cevizli Kahvaltı Bulguru	31
13. Kahvaltılık Kepekli Muffinler	33
14. Fas Kahvaltı Sarması	35
15. İki Patatesli Fas Hash	37
16. Fas Yumurtalı Muffinler	39
17. Yunan Tanrıçası Kase	41
18. Çam Fıstığı Gecelik Yulaf Ezmesi	43
19. Ispanak ve Yumurta Karışımı	45
20. Beyaz Peynir ve Domates Mücadelesi	47
21. Kiraz ve Ricotta Tartine	49
22. Domatesli ve Beyaz Omlet	51
23. Ballı ve Fındıklı Yunan Yoğurt	53
24. Fas Kahvaltı Kasesi	55
25. Fas Baharatlı Kahvesi	57
26. Fas Avokado ve Domates Salatası	59
27. Fas Msemen (Kare Krep)	61
ATIŞTIRMALIKLAR VE MEZELER	**63**
28. Harissa ile Fas Humus	64
29. Fas Dolması Hurmaları	66
30. Fas Ispanağı ve Feta Briouats	68
31. Fas Merguez Sosis	70
32. Fas Ciğer Kebapları	72
33. Fas Yam Sebzeli Burgerleri	74
34. Domates Dolması	77
35. Zeytinyağlı ve Za'atarlı Labneh	79
36. Aioli ile Tuzlu Morina Börek	81

37. KARİDES KROKET 83
38. ÇITIR KARİDES BÖREK 85
39. BİBERİYE VE BİBER YAĞLI KALAMAR 87
40. TORTELLİNİ SALATASI 89
41. CAPRESE MAKARNA SALATASI 91
42. BALZAMİK TOST 93
43. PİZZA TOPLARI 95
44. TARAK VE PROSCİUTTO LOKMALARI 97
45. BALLI PATLICAN 99
46. KÖZLENMİŞ KIRMIZI BİBER VE FETA DIP 101
47. İSPANYOL -FAS SIĞIR KEBAPLARI 103
48. FAS AVOKADO HUMUS 105
49. FAS DOMATESLİ TOST 107
50. ÇITIR İTALYAN PATLAMIŞ MISIR KARIŞIMI 109
51. KIRMIZI BİBER VE BEYAZ PEYNİR SOSU 111
52. FAS HUMUS SOSU 113
53. FETA VE ZEYTİN TAPENADE 115
54. FAS YAPRAK SARMASI 117

ANA DİL **119**

55. FAS USULÜ TAVUK TEPSİSİ 120
56. FAS NOHUT TAGİNİ 123
57. FAS NOHUT YAHNISI 125
58. FAS BAHARATLI NOHUT KASELERİ 127
59. KAYISILI FAS KIZARMIŞ KUZU OMUZ 129
60. FAS KUZU VE HARİSSA BURGERLERİ 132
61. FAS USULÜ PİLAV VE NOHUT FIRINDA 134
62. FAS SOMONU VE DARI KASELERİ 136
63. BAKLA VE ET GÜVEÇ 139
64. FAS KUZU BİBERİ 141
65. BAKLA PÜRESİ - BİSSARA 143
66. KUZU VE ARMUT TAGİNİ 145
67. MARAKEŞ PİRİNÇ VE MERCİMEK ÇORBASI 147
68. KALIN NOHUT VE ET ÇORBASI / HAREERA 149
69. FAS QUINOA KASESİ 151
70. TAVUK MARSALA 153
71. FAS SEBZELİ DÜRÜM 155
72. SARIMSAKLI KAŞARLI TAVUK 157
73. PESTO KREMA SOSLU KARİDES 159
74. İSPANYOL RATATOUİLLE 161
75. REZENE İLE KARİDES 163
76. FIRINDA FAS SOMONU 165
77. BEYAZ FASULYE ÇORBASI 167
78. KARİDES _ GAMBAS 169
79. IZGARA LİMON OTLU TAVUK 171

80. Domatesli ve Fesleğenli Makarna ... 173
81. Fas Salsa ile Fırında Somon ... 175
82. Nohut ve Ispanak Yahnisi ... 177
83. Limonlu Sarımsaklı Karides Şiş ... 179
84. Kinoa Salata Kasesi ... 181
85. Patlıcan ve Nohut Yahni ... 183
86. Limonlu Otlu Fırında Morina ... 185
87. Fas Mercimek Salatası ... 187
88. Ispanaklı ve Beyaz Biber Dolması ... 189
89. Karides ve Avokado Salatası ... 191
90. İtalyan Fırında Tavuk But ... 193
91. Kinoa Dolma Biber ... 195

TATLI ... 197

92. Fas Portakallı ve Kakuleli Kek ... 198
93. Fas Portakal Şerbeti ... 200
94. Kayısılı ve Bademli Tart ... 202
95. Fas Fırında Şeftali ... 204
96. Zeytinyağlı ve Limonlu Bisküvi ... 206
97. Fas Meyve Salatası ... 208
98. Fas Ballı Puding ... 210
99. Bademli Portakallı Unsuz Kek ... 212
100. Portakallı ve Zeytinyağlı Kek ... 214

ÇÖZÜM ... 216

GİRİŞ

Marhaban! 100 modern tarifle Fas mutfağının zamansız ve büyüleyici dünyasını keşfetmeye açılan kapınız "En iyi fas yemek kitabı" a hoş geldiniz. Bu yemek kitabı, Fas yemeklerini tanımlayan zengin tatlar, aromatik baharatlar ve mutfak geleneklerinin bir kutlamasıdır. Fas'ın cazibesini mutfağınıza taşıyan, geleneği modern bir dokunuşla harmanlayan bir gastronomi yolculuğunda bize katılın.

Hoş kokulu tagines, canlı kuskus yemekleri ve yozlaşmış hamur işleriyle süslenmiş bir masa hayal edin; hepsi Fas'ın çeşitli manzaralarından ve kültürel etkilerinden ilham alıyor. "En iyi fas yemek kitabı" yalnızca bir tarif koleksiyonu değildir; Fas mutfağını bir lezzet senfonisi haline getiren malzemelerin, tekniklerin ve hikayelerin araştırılmasıdır. İster Fas köklerine sahip olun, ister sadece Kuzey Afrika'nın cesur ve aromatik lezzetlerini takdir edin, bu tarifler size Fas mutfağının inceliklerini anlatmak için hazırlandı.

Kayısılı kuzu eti gibi klasik taginelerden kuskus ve yaratıcı hamur işlerinin modern dokunuşlarına kadar her tarif, Fas yemeklerini tanımlayan tazeliğin, baharatların ve misafirperverliğin bir kutlamasıdır. İster şenlikli bir toplantıya ev sahipliği yapıyor olun, ister rahat bir aile yemeğinin tadını çıkarıyor olun, bu yemek kitabı, Fas'ın otantik lezzetini sofranıza getirmek için başvuracağınız kaynaktır.

Marakeş'in mutfak manzaralarından Şafşavan'a geçerken bize katılın; burada her yaratım, Fas yemeklerini sevilen bir mutfak geleneği haline getiren canlı ve çeşitli tatların bir kanıtıdır. Öyleyse önlüğünüzü giyin, Fas misafirperverliği ruhunu kucaklayın ve "En iyi fas yemek kitabı" ta nefis bir yolculuğa çıkalım.

KAHVALTI VE BRUNCH

1.Fas Krepleri (Baghrir)

İÇİNDEKİLER:

- 1 bardak irmik
- 1/2 bardak çok amaçlı un
- 1 çay kaşığı aktif kuru maya
- 1 çay kaşığı şeker
- 1/2 çay kaşığı tuz
- 1 1/2 su bardağı ılık su
- 1 çay kaşığı kabartma tozu

TALİMATLAR:

a) Bir karıştırıcıda irmik, un, maya, şeker ve tuzu ılık suyla pürüzsüz hale gelinceye kadar karıştırın. 30 dakika dinlenmeye bırakın.
b) Karışıma kabartma tozunu ekleyip birkaç saniye daha karıştırın.
c) Yapışmaz bir tavayı orta ateşte ısıtın.
ç) Tavaya küçük daireler halinde hamur dökün. Yüzeyde kabarcıklar oluşuncaya kadar pişirin.
d) Çevirip diğer tarafını da kısa süre pişirin.
e) Tüm hamur kullanılıncaya kadar tekrarlayın.
f) Krepleri bal veya reçel ile servis edin.
g) Fas esintili kahvaltınızın tadını çıkarın!

2.Merguez Sosisli Fas Omleti

İÇİNDEKİLER:

- 4 yumurta, dövülmüş
- 1/2 su bardağı pişmiş ve dilimlenmiş merguez sosisi (veya herhangi bir baharatlı sosis)
- 1/4 bardak doğranmış domates
- 1/4 su bardağı doğranmış soğan
- 1/4 su bardağı doğranmış taze kişniş
- Tatmak için biber ve tuz
- Yemek pişirmek için zeytinyağı

TALİMATLAR:

a) Zeytinyağını bir tavada orta ateşte ısıtın.
b) Soğanları yumuşayana kadar soteleyin, ardından doğranmış domatesleri ekleyin ve kısa bir süre pişirin.
c) Dilimlenmiş merguez sosisini ekleyin ve kızarana kadar pişirin.
ç) Bir kapta yumurtaları çırpın, tuz ve karabiberle tatlandırın.
d) Çırpılmış yumurtaları tavadaki sosislerin ve sebzelerin üzerine dökün.
e) Üzerine doğranmış kişniş serpin.
f) Omleti ikiye katlayarak yumurtalar pişene kadar pişirin.
g) Sıcak servis yapın ve lezzetli Fas omletinizin tadını çıkarın.

3.Fas Khobz'u

İÇİNDEKİLER:
- 4 su bardağı çok amaçlı un
- 2 çay kaşığı tuz
- 2 çay kaşığı şeker
- 1 yemek kaşığı aktif kuru maya
- 1 1/2 su bardağı ılık su

TALİMATLAR:

a) Küçük bir kapta ılık su, şeker ve aktif kuru mayayı birleştirin. Karıştırın ve yaklaşık 5-10 dakika ya da köpük haline gelinceye kadar bekletin. Bu mayanın aktif olduğunu gösterir.
b) Büyük bir karıştırma kabında un ve tuzu birleştirin.
c) Unlu karışımın ortasını havuz gibi açın ve aktifleşen maya karışımını içine dökün.
ç) Yapışkan bir hamur oluşturmak için malzemeleri birlikte karıştırmaya başlayın.
d) Hamuru hafifçe unlanmış bir yüzeye çevirin.
e) Hamuru pürüzsüz ve elastik hale gelinceye kadar yaklaşık 10-15 dakika yoğurun. Yapışmayı önlemek için biraz daha un eklemeniz gerekebilir ancak hamurun biraz yapışkan olmasını sağlayın.
f) Hamuru tekrar karıştırma kabına koyun, üzerini temiz bir mutfak havlusuyla örtün ve ılık, hava akımı olmayan bir yerde yaklaşık 1 saat veya hacmi iki katına çıkana kadar mayalanmaya bırakın.
g) İlk kabarmadan sonra hava kabarcıklarını gidermek için hamuru bastırın.
ğ) Hobzunuzun istenilen boyutuna göre hamuru 6-8 eşit parçaya bölün.
h) Her parçayı bir top haline getirin ve ardından yaklaşık 1/4 inç kalınlığında yuvarlak bir disk halinde düzleştirin. Boyutu küçük bir yemek tabağına benzer olmalıdır.
ı) Şekillendirilmiş khobz'u parşömen kaplı bir fırın tepsisine yerleştirin.
i) Üzerlerini temiz bir mutfak havlusuyla örtün ve 30-45 dakika daha mayalanmaya bırakın.
j) Fırınınızı önceden 220°C'ye (430°F) ısıtın.
k) Pişirmeden hemen önce isteğe bağlı olarak khobz'da parmak uçlarınızla küçük girintiler yapabilirsiniz.
l) Fırın tepsisini önceden ısıtılmış fırına yerleştirin.
m) Yaklaşık 15-20 dakika veya khobz hafifçe kızarıncaya ve hafif bir kabuk oluşana kadar pişirin.
n) Fas Khobz'unu sıcak olarak servis edin. Fas güveçlerini, taginlerini toplamak veya sandviç yapmak için mükemmeldir.

4.Fas nane çayı

İÇİNDEKİLER:
- 2 yemek kaşığı Çin yeşil çayı
- 5 bardak Kaynayan su
- 1 Demet taze nane, yıkanmış
- 1 fincan Şeker

TALİMATLAR:
a) Çayı bir çaydanlığa koyun. Kaynar suya dökün.
b) 3 dakika boyunca demleyin.
c) Tencereye nane ekleyin.
ç) 4 dakika boyunca demleyin. Şeker ekle.
d) Sert.

5.Fas Şakşukası

İÇİNDEKİLER:
- 1 yemek kaşığı zeytinyağı
- 1 soğan, ince doğranmış
- 1 kırmızı dolmalık biber, doğranmış
- 1 kutu (14 ons) ezilmiş domates
- 4 büyük yumurta

TALİMATLAR:

a) Zeytinyağını bir tavada orta ateşte ısıtın. Doğranmış soğanı ve kırmızı biberi ekleyip yumuşayana kadar soteleyin.

b) Rendelenmiş domatesleri tavaya ekleyin ve 10 dakika pişirin.

c) Domates karışımında çukurlar oluşturun ve yumurtaları buralara kırın.

ç) Yumurtalar istediğiniz donanıma ulaşana kadar kapağını kapatıp pişirin.

d) Shakshuka'yı servis edin ve en sevdiğiniz çıtır ekmeğin tadını çıkarın.

6.Fas Ispanaklı ve Beyaz Omlet

İÇİNDEKİLER:
- 2 büyük yumurta
- 1 yemek kaşığı zeytinyağı
- ¼ bardak beyaz peynir, ufalanmış
- Bir avuç ıspanak yaprağı
- Tatmak için biber ve tuz

TALİMATLAR:
a) Yumurtaları bir kasede çırpın, tuz ve karabiberle tatlandırın.
b) Zeytinyağını yapışmaz bir tavada orta ateşte ısıtın.
c) Ispanağı ekleyip suyunu çekene kadar pişirin.
ç) Çırpılmış yumurtaları sebzelerin üzerine dökün ve bir süre bekletin.
d) Omletin bir yarısına beyaz peynir serpin, diğer yarısını da üzerine kapatın.
e) Yumurtalar tamamen pişene kadar pişirin.

7.Faslı Chicharrónes Con Huevo

İÇİNDEKİLER:
- 1 bardak domuz chicharrónes (kızarmış domuz derileri), ezilmiş
- 4 büyük yumurta
- ½ su bardağı doğranmış domates
- ¼ bardak doğranmış kırmızı soğan
- 2 yemek kaşığı zeytinyağı

TALİMATLAR:
a) Bir kapta yumurtaları çırpın, tuz ve karabiberle tatlandırın.
b) Zeytinyağını bir tavada orta ateşte ısıtın.
c) Tavaya doğranmış domatesleri, doğranmış kırmızı soğanı ve doğranmış jalapeño'yu ekleyin. Sebzeler yumuşayana kadar soteleyin.
ç) Çırpılmış yumurtaları tavaya dökün, hafifçe karıştırarak sebzelerle birleştirin.
d) Yumurtalar sertleşmeye başladığında ezilmiş chicharrónes'leri tavaya ekleyin ve yumurtalar tamamen pişene kadar karıştırmaya devam edin.
e) Üzerine kıyılmış taze kişniş ve yanında limon dilimleri serperek sıcak servis yapın.

8.Fas Kahvaltısı Sufle

İÇİNDEKİLER:
- 6 büyük yumurta, ayrılmış
- ½ su bardağı beyaz peynir, ufalanmış
- ¼ bardak siyah zeytin, dilimlenmiş
- ¼ bardak güneşte kurutulmuş domates, doğranmış
- ¼ bardak taze fesleğen, doğranmış

TALİMATLAR:
a) Fırını önceden 375°F'ye (190°C) ısıtın.
b) Yumurta sarılarını geniş bir kapta iyice birleşene kadar çırpın.
c) Ayrı bir kapta yumurta aklarını sert tepecikler oluşuncaya kadar çırpın.
ç) Çırpılmış yumurta sarısına beyaz peyniri, dilimlenmiş siyah zeytini, doğranmış güneşte kurutulmuş domatesi ve taze fesleğenleri yavaşça ekleyin.
d) Çırpılmış yumurta aklarını birleşene kadar dikkatlice katlayın.
e) Tatmak için tuz ve karabiber ekleyin.
f) Fırın tepsisini yağlayın ve karışımı içine dökün.
g) 25-30 dakika veya sufle kabarıp altın rengi kahverengi olana kadar pişirin.
ğ) Fırından çıkarın ve servis yapmadan önce soğumasını bekleyin.

9.Pastırma, Kırmızı Biber ve Mozzarella Frittata

İÇİNDEKİLER:

- 7 dilim pastırma
- 1 yemek kaşığı Zeytinyağı
- 4 büyük Yumurta
- 4 ons Taze Mozzarella Peyniri, küp şeklinde
- 1 orta boy Kırmızı Biber

TALİMATLAR:

a) Fırını 350°F'ye önceden ısıtın.
b) Sıcak bir tavaya 1 yemek kaşığı zeytinyağı ekleyin ve 7 dilim pastırmayı kahverengileşinceye kadar pişirin.
c) Kıyılmış kırmızı biberi tavaya ekleyin ve iyice karıştırın.
ç) Bir kasede 4 büyük yumurtayı çırpın, 4 ons küp küp doğranmış taze mozarella ekleyin ve iyice karıştırın.
d) Yumurta ve peynir karışımını tavaya ekleyerek eşit dağılımı sağlayın.
e) Yumurtalar kenarlara yerleşmeye başlayana kadar pişirin.
f) Frittata'nın üstüne 2 ons keçi peyniri rendeleyin.
g) Tavayı fırına aktarın ve 350°F sıcaklıkta 6-8 dakika pişirin, ardından üst kısmı altın rengi kahverengi olana kadar 4-6 dakika daha kızartın.
ğ) Fırından çıkarıp kısa bir süre dinlenmeye bırakın.
h) Frittatayı dikkatlice tavadan çıkarın, taze kıyılmış maydanozla süsleyin ve servis yapmadan önce dilimleyin.

10.Fas Fransız Tostu

İÇİNDEKİLER:
- 8 dilim sevdiğiniz ekmekten
- 4 büyük yumurta
- 1 bardak süt
- 1 çay kaşığı vanilya özü
- ½ su bardağı karışık meyveler (çilek, yaban mersini, ahududu)

TALİMATLAR:
a) Sığ bir tabakta yumurtaları, sütü ve vanilya özünü birlikte çırpın.
b) Izgarayı veya yapışmaz tavayı ısıtın ve tereyağı veya zeytinyağı ekleyin.
c) Her dilim ekmeği, her iki tarafı da kaplayacak şekilde yumurta karışımına batırın.
ç) Ekmeğin her iki tarafı da altın rengi kahverengi olana kadar (her bir tarafı yaklaşık 3-4 dakika) ızgarada pişirin.
d) Fransız tostunu karışık meyvelerle süsleyerek servis edin.

11.Yüklü Fas Polentası

İÇİNDEKİLER:
- 1 bardak polenta
- 4 su bardağı sebze suyu
- 2 yemek kaşığı zeytinyağı
- 1 kutu (400g) doğranmış domates, süzülmüş
- 1 su bardağı enginar kalbi, doğranmış

TALİMATLAR:
a) Orta boy bir tencerede sebze suyunu kaynatın. Polentayı koyulaşıp kremsi bir kıvama gelinceye kadar sürekli karıştırarak çırpın.

b) Ayrı bir tavada zeytinyağını orta ateşte ısıtın. İnce doğranmış soğanı şeffaflaşana kadar soteleyin.

c) Kıyılmış sarımsakları tavaya ekleyin ve 1-2 dakika daha soteleyin.

ç) Süzülmüş doğranmış domatesleri, doğranmış enginar kalplerini ilave edip, tuz ve karabiberle tatlandırın. Tamamen ısınana kadar 5-7 dakika pişirin.

d) Fas sebze karışımını polentanın üzerine dökün ve birleştirmek için hafifçe karıştırın.

12.Armut ve Cevizli Kahvaltı Bulguru

İÇİNDEKİLER:
- 2 bardak su
- 1/2 çay kaşığı tuz
- 1 su bardağı orta boy bulgur
- 1 yemek kaşığı vegan margarin
- 2 adet olgun armut, soyulmuş, çekirdeği çıkarılmış ve doğranmış
- 1/4 su bardağı kıyılmış ceviz

TALİMATLAR:
a) Büyük bir tencerede suyu yüksek ateşte kaynatın.
b) Tuzu ekleyip bulguru ekleyip karıştırın. Isıyı en aza indirin, kapağını kapatın ve bulgur yumuşayana ve sıvı emilene kadar yaklaşık 15 dakika pişirin.
c) Ateşten alıp margarini, armutları ve cevizleri ekleyip karıştırın.
ç) Servis yapmadan önce örtün ve 12 ila 15 dakika daha bekletin.

13. Kahvaltılık Kepekli Muffinler

İÇİNDEKİLER:
- 2 su bardağı kepek gevreği mısır gevreği
- 1 1/2 bardak çok amaçlı un
- 1/2 bardak kuru üzüm
- 1/3 su bardağı şeker
- 3/4 su bardağı taze portakal suyu

TALİMATLAR:
a) Fırını önceden 400°F'ye ısıtın.
b) 12 fincanlık muffin kalıbını hafifçe yağlayın veya kağıt astarlarla hizalayın.
c) Büyük bir kapta kepek gevreğini, unu, kuru üzümleri, şekeri ve tuzu birleştirin.
ç) Orta boy bir kapta taze portakal suyu ve yağı karıştırın.
d) Islak malzemeleri kuru malzemelerin içine dökün ve nemlenene kadar karıştırın.
e) Hazırladığınız muffin kalıbına hamuru kaşıkla, kapların üçte ikisini dolduracak şekilde dökün.
f) Altın kahverengi olana ve muffin içine batırılan kürdan temiz çıkana kadar yaklaşık 20 dakika pişirin.
g) Muffinleri sıcak olarak servis edin.

14. Fas Kahvaltı Sarması

İÇİNDEKİLER:
- Tam tahıllı sarma veya gözleme
- Humus
- Füme Somon
- İnce dilimlenmiş salatalık
- Taze dereotu, doğranmış

TALİMATLAR:
a) Humus'u tam tahıllı ambalajın üzerine eşit şekilde yayın.
b) Füme somonu ve ince dilimlenmiş salatalığı katmanlayın.
c) Kıyılmış taze dereotu serpin.
d) Ruloyu sıkıca sarın ve ikiye bölün.

15.İki Patatesli Fas Hash

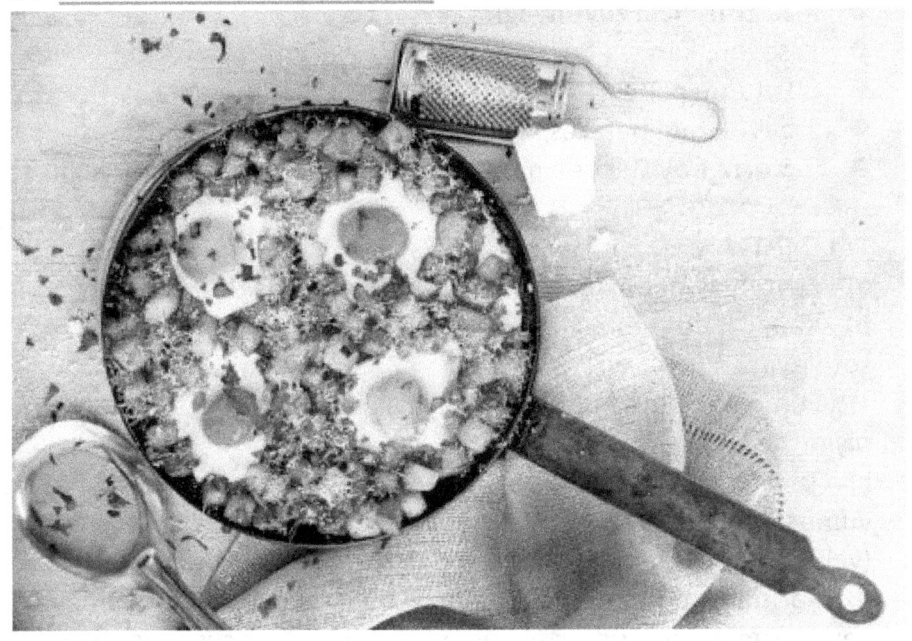

İÇİNDEKİLER:

- Kızartmak için zeytinyağı
- ½ soğan, kabaca doğranmış
- 80g füme pancetta küpleri
- 1 büyük tatlı patates, 2 cm'lik küpler halinde kesilmiş
- 2-3 orta boy Désirée patates, 2 cm'lik küpler halinde kesilmiş

TALİMATLAR:

a) Zeytinyağını büyük bir tavada orta ateşte ısıtın.
b) Kabaca doğranmış soğanı ekleyin ve yarı saydam olana kadar soteleyin.
c) Füme pancetta küplerini tavaya ekleyin ve kahverengileşene kadar pişirin.
ç) Tavaya tatlı patates ve Désirée patateslerini ekleyin. Patatesler yumuşayana ve altın kahverengi bir kabuğa sahip olana kadar pişirin (yaklaşık 15 dakika).
d) Karmada dört kuyucuk yapın ve her kuyuya bir yumurta kırın. Tavayı kapatın ve yumurtalar istediğiniz kıvama gelinceye kadar pişirin.
e) İnce rendelenmiş parmesan ve doğranmış taze düz yapraklı maydanozla süsleyin.

16.Fas Yumurtalı Muffinler

İÇİNDEKİLER:
- 6 büyük yumurta
- ½ bardak kiraz domates, doğranmış
- ½ bardak ıspanak, doğranmış
- ¼ bardak beyaz peynir, ufalanmış
- 1 yemek kaşığı siyah zeytin, dilimlenmiş

TALİMATLAR:
a) Fırını önceden 375°F'ye (190°C) ısıtın. Muffin kalıbını zeytinyağıyla yağlayın veya kağıt kalıpları kullanın.
b) Bir kapta yumurtaları birlikte çırpın. Tuz ve karabiberle tatlandırın.
c) Bir tavada kiraz domatesleri, ıspanakları ve kırmızı biberleri zeytinyağında yumuşayana kadar soteleyin.
ç) Sotelenmiş sebzeleri hazırlanan muffin kalıbına eşit şekilde dağıtın.
d) Çırpılmış yumurtaları her muffin kabındaki sebzelerin üzerine dökün.
e) Her yumurtalı muffin üzerine ufalanmış beyaz peynir, dilimlenmiş siyah zeytin ve doğranmış taze maydanoz serpin.
f) Önceden ısıtılmış fırında 15-20 dakika veya yumurtalar sertleşene ve üstleri altın rengi kahverengi olana kadar pişirin.
g) Yumurtalı muffinleri muffin kalıbından çıkarmadan önce birkaç dakika soğumaya bırakın.

17.Yunan Tanrıçası Kase

İÇİNDEKİLER:

- 1 su bardağı pişmiş kinoa veya bulgur
- 1 su bardağı kiraz domates, ikiye bölünmüş
- 1 salatalık, doğranmış
- ½ bardak Kalamata zeytini, çekirdekleri çıkarılmış ve dilimlenmiş
- ½ su bardağı beyaz peynir, ufalanmış

TALİMATLAR:

a) Büyük bir kapta pişmiş kinoa veya bulguru, kiraz domatesleri, salatalıkları, Kalamata zeytinlerini ve ufalanmış beyaz peyniri birleştirin.
b) Karışımı iki kaseye bölün.
c) İstenirse taze maydanozla süsleyin.
ç) Hemen servis yapın ve basitleştirilmiş Yunan Tanrıçası Kasenizin tadını çıkarın!

18.Çam Fıstığı Gecelik Yulaf Ezmesi

İÇİNDEKİLER:
- 1 su bardağı eski moda yulaf ezmesi
- 1 bardak Yunan yoğurdu
- 1 bardak süt (süt veya bitki bazlı)
- 2 yemek kaşığı bal
- 2 yemek kaşığı çam fıstığı, kızartılmış

TALİMATLAR:
a) Bir kapta yulaf ezmesini, Yunan yoğurtunu, sütü, balı ve vanilya özünü birleştirin. İyice karışana kadar karıştırın.
b) Kavrulmuş çam fıstıklarını katlayın.
c) Karışımı iki kavanoza veya hava geçirmez kaplara bölün.
ç) Kavanozları veya kapları kapatın ve yulafın yumuşamasını ve tatların birbirine karışmasını sağlamak için gece boyunca veya en az 4 saat buzdolabında bekletin.
d) Servis yapmadan önce gece boyunca yulaf ezmesini iyice karıştırın. Eğer çok koyu olursa istediğiniz kıvama ulaşmak için bir miktar süt ekleyebilirsiniz.

19.Ispanak ve Yumurta Karışımı

İÇİNDEKİLER:
- 4 büyük yumurta
- 2 su bardağı taze ıspanak, doğranmış
- 1 yemek kaşığı zeytinyağı
- ½ soğan, ince doğranmış
- Tatmak için biber ve tuz

TALİMATLAR:
a) Bir kapta yumurtaları çırpın, tuz ve karabiberle tatlandırın.
b) Zeytinyağını bir tavada orta ateşte ısıtın.
c) Doğranmış soğanı ekleyip yumuşayana kadar soteleyin.
ç) Kıyılmış sarımsak ve doğranmış ıspanakları tavaya ekleyin. Ispanaklar suyunu çekene kadar pişirin.
d) Çırpılmış yumurtaları ıspanak karışımının üzerine tavaya dökün.
e) Yumurtaları, tamamen pişene ancak hala nemli olana kadar bir spatula ile yavaşça karıştırın.
f) Tavayı ocaktan alın.
g) İsteğe bağlı: İstenirse ufalanmış beyaz peyniri yumurtaların üzerine serpin ve karıştırarak karıştırın.
ğ) Yarıya bölünmüş kiraz domates ve doğranmış taze maydanozla süsleyin.
h) Ispanak ve Yumurta Karışımını sıcak olarak servis edin ve tadını çıkarın!

20.Beyaz peynir ve domates mücadelesi

İÇİNDEKİLER:
- Yumurtalar
- Beyaz peynir, ufalanmış
- Kiraz domates, doğranmış
- Taze fesleğen, doğranmış
- Zeytin yağı

TALİMATLAR:
a) Bir kapta yumurtaları çırpın, tuz ve karabiberle tatlandırın.
b) Zeytinyağını tavada ısıtın ve yumurtaları çırpın.
c) Ufalanmış beyaz peynir ve doğranmış kiraz domatesleri ekleyin.
d) Yumurtalar tamamen pişene kadar pişirin.
e) Servis yapmadan önce üzerine taze doğranmış fesleğen serpin.

21.Kiraz ve ricotta Tartine

İÇİNDEKİLER:

- 2 dilim tam tahıllı ekmek, kızartılmış
- ½ bardak ricotta peyniri
- 1 bardak taze kiraz, çekirdeği çıkarılmış ve yarıya bölünmüş
- 1 yemek kaşığı bal
- 1 yemek kaşığı kıyılmış fıstık

TALİMATLAR:

a) Tam tahıllı ekmek dilimlerini dilediğiniz gibi kızartın.
b) Her dilim kızarmış ekmeğin üzerine bol miktarda ricotta peyniri sürün.
c) Ricotta'nın üzerine taze kiraz yarımlarını eşit şekilde yerleştirin.
ç) Balın eşit şekilde dağılmasını sağlayarak kirazların üzerine gezdirin.
d) Daha fazla çıtırlık ve lezzet için tartinlerin üzerine doğranmış antep fıstığı serpin.

22.Domatesli ve Beyaz Omlet

İÇİNDEKİLER:
- 2 çay kaşığı zeytinyağı
- 4 yumurta, dövülmüş
- 8 adet kiraz domates, doğranmış
- 50 gr beyaz peynir, ufalanmış
- servis için karışık salata yaprakları (isteğe bağlı)

TALİMATLAR:
a) Yağı bir tavada ısıtın, yumurtaları ekleyin ve ara sıra karıştırarak pişirin. Birkaç dakika sonra beyaz peynirleri ve domatesleri dağıtın. Servis yapmadan önce bir dakika daha pişirin.
b) Yağı kapaklı bir tavada ısıtın, ardından soğan, kırmızı biber, sarımsak ve kişniş saplarını yumuşayana kadar 5 dakika pişirin. Domatesleri karıştırın ve 8-10 dakika pişirin.
c) Büyük bir kaşığın arkasını kullanarak sosa 4 kez daldırın ve her birine birer yumurta kırın. Tavayı kapağını kapatın ve yumurtalar istediğiniz kıvama gelinceye kadar 6-8 dakika kısık ateşte pişirin.
ç) Kişniş yapraklarını serpin ve ekmekle servis yapın.

23.Ballı ve Fındıklı Yunan Yoğurt

İÇİNDEKİLER:
- Yunan yoğurt
- Bal
- Badem doğranmış
- Ceviz, doğranmış
- Taze meyveler (isteğe bağlı)

TALİMATLAR:
a) Yunan yoğurtunu bir kaseye dökün.
b) Yoğurdun üzerine balı gezdirin.
c) Üzerine kıyılmış badem ve cevizi serpin.
d) İstenirse taze meyveler ekleyin.

24.Fas Kahvaltı Kasesi

İÇİNDEKİLER:
- Pişmiş quinoa
- Humus
- Salatalık, doğranmış
- Kiraz domates, yarıya
- Kalamata zeytinleri, dilimlenmiş

TALİMATLAR:
a) Kaşıkla pişmiş kinoayı bir kaseye alın.
b) Bir parça humus ekleyin.
c) Doğranmış salatalık, ikiye bölünmüş kiraz domates ve dilimlenmiş Kalamata zeytinlerini dağıtın.
d) Tadını çıkarmadan önce karıştırın.

25.Fas Baharatlı Kahvesi

İÇİNDEKİLER:

- ¼ çay kaşığı öğütülmüş tarçın
- ⅛ çay kaşığı öğütülmüş kakule
- 1 fincan güçlü demlenmiş kahve
- ⅛ çay kaşığı öğütülmüş karanfil
- ¼ çay kaşığı öğütülmüş hindistan cevizi
- Tatmak için şeker veya bal (isteğe bağlı)
- Süt veya krema (isteğe bağlı)

TALİMATLAR:

a) Tercih ettiğiniz kahve makinesini kullanarak güçlü bir kahve demleme hazırlayarak başlayın. Lezzetteki en üst düzeyde tazeliğin tadını çıkarmak için taze çekilmiş kahve çekirdeklerini tercih edin.
b) Kahve demleme işlemi sırasında baharat karışımını hazırlayın.
c) Öğütülmüş tarçın, öğütülmüş kakule, öğütülmüş karanfil ve öğütülmüş hindistan cevizini küçük bir kasede birleştirin. Bu baharatları iyice karıştırın.
ç) Kahve hazırlanır hazırlanmaz bir kahve kupasına aktarın.
d) Baharat karışımını taze demlenmiş kahvenin üzerine serpin.
e) Baharat miktarlarını damak tadınıza göre ayarlayın. Verilen ölçümlerle başlayabilir ve daha cesur bir baharat infüzyonu için daha fazlasını ekleyebilirsiniz.
f) Dilerseniz Fas Baharatlı Kahvenizi isteğinize göre şeker veya bal ile tatlandırın.
g) Tatlandırıcı tamamen eriyene kadar karıştırın.
ğ) Kremsi bir dokunuş için bu aşamada bir miktar süt veya krema eklemeyi düşünün.
h) Baharatları ve tatlandırıcıyı eşit şekilde dağıtmak için kahveyi kuvvetlice karıştırın.
ı) Fas Baharatlı Kahvenizin tadını hala sıcakken çıkarın.

26.Fas Avokado ve Domates Salatası

İÇİNDEKİLER:
- 2 olgun avokado, doğranmış
- 2 domates, doğranmış
- 1/4 bardak kırmızı soğan, ince doğranmış
- 2 yemek kaşığı taze maydanoz, doğranmış
- 1 yemek kaşığı zeytinyağı
- 1 yemek kaşığı limon suyu
- Tatmak için biber ve tuz

TALİMATLAR:
a) Bir kasede doğranmış avokadoları, domatesleri, kırmızı soğanı ve taze maydanozu birleştirin.
b) Küçük bir kapta zeytinyağı, limon suyu, tuz ve karabiberi birlikte çırpın.
c) Sosu salatanın üzerine dökün ve birleştirmek için hafifçe karıştırın.
ç) Hemen canlandırıcı bir garnitür olarak servis yapın.

27. Fas Msemen (Kare Krep)

İÇİNDEKİLER:
- 3 su bardağı çok amaçlı un
- 1 su bardağı ince irmik
- 1 çay kaşığı tuz
- 1 yemek kaşığı şeker
- 1 yemek kaşığı maya
- 1 1/2 ila 2 bardak ılık su
- Fırçalamak için zeytinyağı

TALİMATLAR:
a) Büyük bir kapta un, irmik, tuz, şeker ve mayayı karıştırın.
b) Yavaş yavaş ılık su ekleyerek yumuşak, elastik bir hamur elde edene kadar yoğurun.
c) Hamuru golf topu büyüklüğünde parçalara ayırın.
ç) Her topu ince bir kare veya dikdörtgen şeklinde düzleştirin.
d) Karenin her tarafını zeytinyağıyla fırçalayın.
e) Kareleri sıcak bir ızgarada veya tavada her iki tarafı da altın rengi kahverengi olana kadar pişirin.
f) Bal veya reçel ile sıcak olarak servis yapın.

ATIŞTIRMALIKLAR VE MEZELER

28.Harissa ile Fas Humus

İÇİNDEKİLER:

- 1 kutu (15 oz) nohut, süzülmüş ve durulanmış
- 3 yemek kaşığı tahin
- 2 diş sarımsak, kıyılmış
- 2 yemek kaşığı zeytinyağı
- 1 limonun suyu
- 1 çay kaşığı öğütülmüş kimyon
- Tatmak için biber ve tuz
- Garnitür için Harissa ezmesi
- Garnitür için kıyılmış taze maydanoz

TALİMATLAR:

a) Mutfak robotunda nohut, tahin, sarımsak, zeytinyağı, limon suyu, kimyon, tuz ve karabiberi birleştirin.
b) Pürüzsüz ve kremsi olana kadar karıştırın.
c) Humus'u servis kasesine aktarın.
ç) Ortasında bir havuz oluşturun ve bir miktar harissa macunu ekleyin.
d) Kıyılmış maydanozla süsleyin.
e) Pide ekmeği veya sebze çubukları ile servis yapın.

29. Fas Dolması Hurmaları

İÇİNDEKİLER:

- Medjool hurmaları, çekirdekleri çıkarılmış
- Kremalı keçi peyniri
- Ceviz veya badem, bütün veya yarıya bölünmüş
- Üzerine sürmek için bal
- Üzerine serpmek için öğütülmüş tarçın

TALİMATLAR:

a) Çekirdekleri çıkarılmış her hurmayı alın ve içini az miktarda kremalı keçi peyniriyle doldurun.
b) Peynirin içine ceviz veya badem bastırın.
c) Doldurduğunuz hurmaları servis tabağına dizin.
ç) Hurmaların üzerine bal gezdirin.
d) Öğütülmüş tarçın serpin.
e) Tatlı ve tuzlu bir Fas atıştırmalık olarak servis yapın.

30.Fas Ispanağı ve Feta Briouats

İÇİNDEKİLER:

- 1 su bardağı pişmiş ıspanak, doğranmış ve süzülmüş
- 1/2 su bardağı ufalanmış beyaz peynir
- 1/4 su bardağı doğranmış taze kişniş
- 1/4 su bardağı doğranmış yeşil soğan
- 1 çay kaşığı öğütülmüş kimyon
- Tatmak için biber ve tuz
- Phyllo hamur tabakaları
- Fırçalamak için eritilmiş tereyağı

TALİMATLAR:

a) Fırını önceden 375°F'ye (190°C) ısıtın.
b) Bir kapta pişmiş ıspanak, beyaz peynir, kişniş, yeşil soğan, kimyon, tuz ve karabiberi karıştırın.
c) Bir yufka alın ve üzerine eritilmiş tereyağını hafifçe sürün.
ç) Yufka yaprağının bir ucuna bir kaşık dolusu ıspanak ve beyaz peynir karışımından koyun.
d) Bir üçgen oluşturmak için yufkayı dolgunun üzerine katlayın.
e) Üçgen şeklinde katlamaya devam edin.
f) Briouat'ları bir fırın tepsisine yerleştirin ve üstlerini eritilmiş tereyağıyla fırçalayın.
g) Önceden ısıtılmış fırında 15-20 dakika veya altın rengi kahverengi olana kadar pişirin.
ğ) Servis yapmadan önce hafifçe soğumaya bırakın.

31. Fas Merguez Sosis

İÇİNDEKİLER:
- 2 çay kaşığı kimyon tohumu
- 2 çay kaşığı rezene tohumu
- 2 çay kaşığı kişniş tohumu
- 2 yemek kaşığı kırmızı biber
- 3 çay kaşığı öğütülmüş acı biber
- 1 çay kaşığı öğütülmüş tarçın
- 1 çay kaşığı öğütülmüş sumak (isteğe bağlı)
- 3 kilo kıyma kuzu
- 1/2 su bardağı sızma zeytinyağı
- 1 su bardağı taze kişniş, ince kıyılmış
- 1/2 bardak taze nane yaprağı, ince kıyılmış 6 büyük diş sarımsak, ince kıyılmış 4 çay kaşığı kaşar tuzu

TALİMATLAR:

a) Ağır tabanlı bir tavada veya dökme demir tavada kimyon, rezene ve kişniş tohumlarını birleştirin ve orta ateşte 2 dakika veya kokusu çıkana kadar kızartın. Biraz soğumaya bırakın, ardından baharat öğütücüde ince ve toz haline gelinceye kadar öğütün. (Not: Bütün baharat yerine öğütülmüş baharat da kullanabilirsiniz ancak baharatın tamamıyla daha lezzetli olacaktır)

b) Öğütülmüş kızartılmış baharatları kırmızı biber, kırmızı biber, tarçın ve sumak ile birleştirin. Büyük bir kapta baharatları öğütülmüş kuzu eti, yağ, kişniş, nane, sarımsak ve tuzla birleştirin ve iyice birleşene kadar karıştırın (Her şeyin eşit şekilde karıştığından emin olmak için mikserimi kullanıyorum).

c) İstenirse az miktarda eti tavada kızartın ve tadı kontrol etmek için tadın. Baharatları dilediğiniz gibi ayarlayın.

ç) Şekillendirmek için, terbiyeli kuzu karışımını yaklaşık 4 inç uzunluğunda ve 1 inç genişliğinde küçük tüpler halinde yuvarlayın. Arzu ederseniz köfte de yapabilirsiniz. Sosis hemen pişirilebilir veya süresiz olarak sarılıp dondurulabilir. Pişirmek için sosisleri ızgarada pişirin veya tamamen pişene kadar tavada pişirin.

32.Fas Ciğer Kebapları

İÇİNDEKİLER:

- 8 ons böbrek yağı, isteğe bağlı ancak tavsiye edilir, küpler halinde kesilmiş
- 2,2 pound taze dana veya kuzu karaciğeri (tercihen dana karaciğeri), şeffaf zarı çıkarın, ¾ inç küpler halinde kesin

MARİNA
- 2 yemek kaşığı öğütülmüş tatlı kırmızı biber
- 2 çay kaşığı tuz
- 1 çay kaşığı öğütülmüş kimyon

HİZMET ETMEK
- 2 çay kaşığı öğütülmüş kimyon
- 2 çay kaşığı acı biber (isteğe bağlı)
- 2 çay kaşığı tuz

Talimatlar :

a) Karaciğeri ve yağı bir kaseye koyun ve iyice atın.
b) Üzerine kırmızı biber, tuz ve kimyon serpin ve iyice kaplanana kadar bir kez daha fırlatın.
c) Kaseyi kapatın ve 1-8 saat buzdolabında saklayın.
ç) Izgara yapmadan 30 dakika önce kaseyi buzdolabından çıkarın.
d) Izgaranızı kurun ve orta-yüksek ateşte önceden ısıtın.
e) Karaciğer küplerini böbrek yağ küpleriyle dönüşümlü olarak şişlerin üzerine aralarında boşluk kalmayacak şekilde sabitleyin. Her şişin üzerine yaklaşık 6-8 küp ciğer koyun.
f) Hazırlanan şişleri ızgaraya yerleştirin ve sık sık çevirerek yaklaşık 8 - 10 dakika kadar ızgarada pişirin. Ciğerin içi iyice pişmeli ve bastığınızda süngerimsi bir kıvamda olmalıdır.
g) Sıcak servis yapın.

33.Fas Yam Sebzeli Burgerleri

İÇİNDEKİLER:
- 1,5 su bardağı rendelenmiş yer elması
- 2 diş sarımsak, soyulmuş
- ¾ bardak taze kişniş yaprağı
- 1 parça taze zencefil, soyulmuş
- 15 onsluk nohut konservesi, süzülmüş ve durulanmış
- 2 yemek kaşığı öğütülmüş keten 3 yemek kaşığı suyla karıştırılmış
- ¾ bardak yulaf ezmesi, un haline getirilmiş
- ½ yemek kaşığı susam yağı
- 1 yemek kaşığı hindistancevizi aminosu veya düşük sodyumlu tamari
- ½-¾ çay kaşığı ince taneli deniz tuzu veya pembe Himalaya tuzu (tadına göre)
- Tatmak için taze çekilmiş karabiber
- 1 ½ çay kaşığı biber tozu
- 1 çay kaşığı kimyon
- ½ çay kaşığı kişniş
- ¼ çay kaşığı tarçın
- ¼ çay kaşığı zerdeçal
- ½ bardak kişniş-misket limonu tahin sosu

TALİMATLAR:

a) Fırını 350F'ye önceden ısıtın. Bir fırın tepsisini bir parça parşömen kağıdıyla hizalayın.

b) Yamı soyun. Normal büyüklükteki ızgara deliğini kullanarak, hafifçe paketlenmiş 1 ½ fincan elde edene kadar yamı rendeleyin. Bir kaseye yerleştirin.

c) Rendeleme aparatını mutfak robotundan çıkarın ve normal "s" bıçağını ekleyin. Sarımsak, kişniş ve zencefili ince bir şekilde doğranana kadar kıyın.

ç) Süzülmüş nohutları ekleyin ve ince bir şekilde doğranana kadar tekrar işleyin, ancak bir miktar doku bırakın. Bu karışımı bir kaseye boşaltın.

d) Bir kapta keten ve su karışımını karıştırın.

e) Yulafları bir blender veya mutfak robotu kullanarak un haline getirin. Veya ¾ su bardağı + 1 yemek kaşığı önceden öğütülmüş yulaf unu kullanabilirsiniz. Bunu keten karışımıyla birlikte karışıma karıştırın.

f) Şimdi yağı, aminoları/tamariyi, tuzu/biberi ve baharatları iyice birleşene kadar karıştırın. İstenirse tadına göre ayarlayın.

g) Karışımı birbirine sıkıca paketleyerek 6-8 köfteye şekil verin. Fırın tepsisine yerleştirin.

ğ) 15 dakika pişirin, sonra dikkatlice çevirin ve altın rengi ve sertleşinceye kadar 18-23 dakika daha pişirin. Tavada soğutun.

34. Domates Dolması

İÇİNDEKİLER:

- 8 küçük domates veya 3 büyük domates
- 4 adet haşlanmış yumurta, soğutulmuş ve soyulmuş
- 6 yemek kaşığı Aioli veya mayonez
- Tuz ve biber
- 1 yemek kaşığı maydanoz, doğranmış

TALİMATLAR:

a) Domatesleri kaynar su dolu bir tencerede 10 saniye kadar soyduktan sonra buzlu veya aşırı soğuk su dolu bir leğene batırın.

b) Domateslerin üst kısımlarını kesin. Bir çay kaşığı veya küçük, keskin bir bıçak kullanarak tohumları ve içlerini kazıyın.

c) Yumurtaları Aioli (veya mayonez), tuz, karabiber ve maydanozla bir karıştırma kabında ezin.

d) Domatesleri dolguyla doldurun ve sıkıca bastırın. Küçük domateslerin kapaklarını neşeli bir açıyla değiştirin.

e) Domatesleri en üste kadar doldurun ve düzleşinceye kadar sıkıca bastırın. Keskin bir oyma bıçağı kullanarak halkalar halinde dilimlemeden önce 1 saat buzdolabında bekletin.

f) Maydanozla süsleyin.

35. Zeytinyağlı ve Za'atarlı Labneh

İÇİNDEKİLER:
- Labne (süzme yoğurt)
- Sızma zeytinyağı
- Za'atar baharat karışımı
- Pide ekmeği veya tam tahıllı krakerler
- Süslemek için taze nane yaprakları

TALİMATLAR:
a) Labneyi bir kaseye koyun.
b) Zeytinyağı gezdirin.
c) Üstüne Za'atar baharatı serpin.
d) Pide ekmeği veya kraker ile servis yapın.
e) Taze nane yapraklarıyla süsleyin.

36. Aioli ile Tuzlu Morina Börek

İÇİNDEKİLER:

- 1 pound tuzlu morina, ıslatılmış
- 3 ½ ons kurutulmuş beyaz ekmek kırıntıları
- ¼ pound unlu patates, haşlanmış ve püre haline getirilmiş
- Sığ kızartma için zeytinyağı
- Aioli

TALİMATLAR:

a) Bir tencerede sütü ve taze soğanların yarısını birleştirin, kaynatın ve ıslatılmış morina balığını kolayca pul pul dökülene kadar 10-15 dakika haşlayın. Kemiklerini ve derisini çıkarın, ardından morina balığını bir kaseye parçalayın.

b) 4 yemek kaşığı patates püresini morinayla birlikte ekleyip tahta kaşıkla karıştırın.

c) Zeytinyağını karıştırın, ardından kalan patates püresini yavaş yavaş ekleyin. Kalan taze soğanları ve maydanozu bir karıştırma kabında birleştirin.

ç) Tatlandırmak için limon suyu ve karabiber ekleyin.

d) Bir yumurtayı ayrı bir kapta iyice karışana kadar çırpın, ardından katılaşana kadar soğutun.

e) Soğutulmuş balık karışımını 12-18 top halinde yuvarlayın, ardından yavaşça küçük yuvarlak kekler halinde düzleştirin. Her birini unlayın, çırpılmış yumurtaya batırın ve kuru galeta unu ile kaplayın. Kızartmaya hazır olana kadar buzdolabında saklayın.

f) Büyük, ağır bir kızartma tavasında yaklaşık ¾ inçlik yağı ısıtın. Börekleri orta-yüksek ateşte yaklaşık 4 dakika pişirin.

g) Onları ters çevirin ve 4 dakika daha veya diğer tarafı gevrek ve altın rengi olana kadar pişirin.

ğ) Aioli ile servis yapmadan önce kağıt havluların üzerine boşaltın.

37. Karides Kroket

İÇİNDEKİLER:
- 3 ½ ons tereyağı
- 4 ons sade un
- 1 ¼ pint soğuk süt
- 14 ons pişmiş soyulmuş karides, doğranmış
- Kızartmak için zeytinyağı

TALİMATLAR:
a) Orta boy bir tencerede tereyağını eritin ve sürekli karıştırarak unu ekleyin.
b) Kalın, pürüzsüz bir sos elde edene kadar sürekli karıştırarak, soğutulmuş sütü yavaşça gezdirin.
c) Karidesleri ekleyin, tuz ve karabiberle iyice baharatlayın, ardından domates salçasını ekleyip çırpın. 7 ila 8 dakika daha pişirin.
ç) Karışımdan az bir çorba kaşığı alın ve kroket oluşturmak için 1 ½ - 2 inçlik bir silindire yuvarlayın.
d) Büyük, kalın tabanlı bir tavada, derin kızartma için yağı 350°F'ye ulaşana kadar veya bir küp ekmek 20-30 saniye içinde altın rengi kahverengiye dönene kadar ısıtın.
e) Kroketleri en fazla 3 veya 4'lü gruplar halinde yaklaşık 5 dakika, altın rengi kahverengi olana kadar kızartın.
f) Delikli bir kaşık kullanarak kroketleri çıkarın, mutfak kağıdına boşaltın ve hemen servis yapın.

38. Çıtır Karides Börek

İÇİNDEKİLER:
- ½ pound küçük karides, soyulmuş
- 1½ su bardağı nohut veya normal un
- 1 yemek kaşığı doğranmış taze düz yapraklı maydanoz
- 3 yeşil soğan, beyaz kısmı ve biraz yeşil üst kısmı, ince doğranmış
- ½ çay kaşığı tatlı kırmızı biber/pimentón

TALİMATLAR:
a) Karidesleri bir tencerede, üzerini geçecek kadar suyla pişirin ve yüksek ateşte kaynatın.
b) Hamuru elde etmek için bir kapta un, maydanoz, yeşil soğan ve yenibaharı birleştirin. Bir tutam tuz ve soğutulmuş pişirme suyunu ekleyin.
c) Gözleme hamurundan biraz daha kalın bir doku elde edene kadar karıştırın veya işleyin. 1 saat buzdolabında bekletin.
ç) Karidesleri ince ince kıyın.
d) Hamuru buzdolabından çıkarın ve kıyılmış karidesleri karıştırın.
e) Ağır bir sote tavasında zeytinyağını neredeyse duman çıkana kadar yüksek ateşte ısıtın.
f) Her börek için 1 çorba kaşığı hamurdan yağın içine dökün, 3 ½ inç çapında düzleştirin.
g) Her iki tarafını da yaklaşık 1 dakika veya börekler altın sarısı ve gevrek oluncaya kadar kızartın.
ğ) Delikli bir kaşık kullanarak köfteleri çıkarın ve fırına dayanıklı bir tabağa koyun.
h) Hemen servis yapın.

39.Biberiye ve Biber Yağlı Kalamar

İÇİNDEKİLER:
- 1 pound taze kalamar, temizlenmiş ve halkalar halinde dilimlenmiş
- ½ su bardağı zeytinyağı
- 2 diş sarımsak, kıyılmış
- 1 yemek kaşığı taze biberiye, ince doğranmış
- 1 çay kaşığı kırmızı pul biber (damak tadınıza göre ayarlayın)

TALİMATLAR:
a) Zeytinyağını büyük bir tavada orta ateşte ısıtın.
b) Tavaya kıyılmış sarımsak, doğranmış biberiye ve kırmızı pul biber ekleyin. Sarımsağın kokusu çıkana kadar 1-2 dakika pişirin.
c) Dilimlenmiş kalamarları aromalı yağla kaplamak için karıştırarak tavaya ekleyin. 2-3 dakika veya kalamar opaklaşıp iyice pişene kadar pişirin.
ç) Tatmak için tuz ve karabiber ekleyin.
d) Tavayı ateşten alıp kalamarları servis tabağına aktarın.
e) Kalan aromalı yağı kalamarın üzerine gezdirin.
f) Kıyılmış taze maydanozla süsleyin ve yanında limon dilimleri ile sıcak olarak servis yapın.

40.Tortellini Salatası

İÇİNDEKİLER:
- 1 paket üç renkli peynirli tortellini
- ½ bardak doğranmış pepperoni
- ¼ bardak dilimlenmiş yeşil soğan
- 1 adet doğranmış yeşil biber
- 1 su bardağı ikiye bölünmüş kiraz domates

TALİMATLAR:
a) Tortelliniyi paketteki talimatlara göre pişirin, ardından süzün.
b) Tortelliniyi doğranmış pepperoni, dilimlenmiş yeşil soğan, doğranmış yeşil dolmalık biber, ikiye bölünmüş kiraz domates ve istediğiniz diğer malzemelerle birlikte büyük bir karıştırma kabına atın.
c) Üzerine İtalyan sosunu gezdirin.
ç) Birleştirmek için her şeyi bir araya atın.
d) Servis yapmadan önce soğuması için 2 saat bekletin.

41. Caprese Makarna Salatası

İÇİNDEKİLER:

- 2 su bardağı pişmiş penne makarna
- 1 bardak pesto
- 2 adet doğranmış domates
- 1 su bardağı doğranmış mozzarella peyniri
- Tatmak için biber ve tuz

TALİMATLAR:

a) Makarnayı paketteki talimatlara göre pişirin, ardından süzün.
b) Büyük bir karıştırma kabında makarnayı pesto, doğranmış domates ve doğranmış mozzarella peyniri ile birleştirin.
c) Tuz, karabiber ve kekik ile tatlandırın.
ç) Üzerine kırmızı şarap sirkesini gezdirin.
d) Servis etmeden önce 1 saat buzdolabında bekletin.

42.Balzamik Tost

İÇİNDEKİLER:
- 1 su bardağı çekirdeği çıkarılmış ve doğranmış Roma domatesi
- ¼ bardak doğranmış fesleğen
- ½ bardak rendelenmiş pecorino peyniri
- 1 diş kıyılmış sarımsak
- 1 yemek kaşığı balzamik sirke

TALİMATLAR:
a) Bir karıştırma kabında doğranmış domatesleri, doğranmış fesleğeni, rendelenmiş pecorino peynirini ve kıyılmış sarımsağı birleştirin.
b) Küçük bir karıştırma kabında balzamik sirkeyi ve 1 yemek kaşığı zeytinyağını birlikte çırpın; bir kenara koyun.
c) Fransız ekmeği dilimlerini zeytinyağıyla gezdirin ve üzerine sarımsak tozu ve fesleğen serpin.
ç) Ekmek dilimlerini bir fırın tepsisine yerleştirin ve 350 derecede 5 dakika kızartın.
d) Fırından çıkarın ve kızartılmış ekmeğin üzerine domates ve peynir karışımını ekleyin.
e) Gerekirse tuz ve karabiber ekleyin.
f) Derhal servis yapın.

43. Pizza Topları

İÇİNDEKİLER:
- 1 pound ufalanmış öğütülmüş sosis
- 2 su bardağı Bisquick karışımı
- 1 doğranmış soğan
- 3 diş kıyılmış sarımsak
- 2 su bardağı rendelenmiş mozarella peyniri

TALİMATLAR:
a) Fırını önceden 400 Fahrenheit dereceye ısıtın.
b) Ufalanmış sosis, Bisquick karışımı, doğranmış soğan, kıyılmış sarımsak ve rendelenmiş mozzarella peynirini bir kasede karıştırın.
c) Karışımın çalışılabilir hale gelmesi için yeterli miktarda su ekleyin.
ç) Karışımı 1 inçlik toplara yuvarlayın.
d) Topları hazırlanmış bir fırın tepsisine yerleştirin.
e) Pizza toplarının üzerine parmesan peynirini gezdirin.
f) Önceden ısıtılmış fırında 350°F'de 20 dakika pişirin.
g) Kalan pizza sosunu daldırmak için yan tarafa koyarak servis yapın.

44.Tarak ve Prosciutto Lokmaları

İÇİNDEKİLER:

- ½ bardak ince dilimlenmiş prosciutto
- 3 Yemek kaşığı krem peynir
- 1 kiloluk tarak
- 3 Yemek kaşığı zeytinyağı
- 3 diş kıyılmış sarımsak

TALİMATLAR:

a) Her prosciutto dilimine küçük bir kaplama krem peynir uygulayın.
b) Daha sonra her bir deniz tarağının etrafına bir dilim prosciutto sarın ve bir kürdan ile sabitleyin.
c) Bir tavada zeytinyağını ısıtın.
ç) Sarımsakları tavada 2 dakika pişirin.
d) Folyoya sarılı deniz taraklarını ekleyin ve her iki tarafını da 2 dakika pişirin.
e) Fazla sıvıyı kağıt havluyla sıkın.

45.Ballı Patlıcan

İÇİNDEKİLER:
- 3 Yemek Kaşığı Bal
- 3 patlıcan
- 2 su bardağı Süt
- 1 Yemek kaşığı tuz
- 100g Un

TALİMATLAR:
a) Patlıcanları ince ince dilimleyin.
b) Bir karıştırma kabında patlıcanları birleştirin. Patlıcanların üzerini tamamen kaplayacak kadar sütü leğene dökün. Bir tutam tuzla tatlandırın.
c) Islatılması için en az bir saat bekletin.
d) Patlıcanları sütün içinden alıp bir kenara koyun. Her dilimi un ve tuz-biber karışımıyla kaplayın.
e) Bir tavada zeytinyağını ısıtın. Patlıcan dilimlerini 180 derecede kızartın.
f) Kızaran patlıcanları fazla yağını alması için kağıt havlu üzerine koyun.
g) Patlıcanları bal ile yağlayın.
h) Derhal servis yapın.

46.Közlenmiş Kırmızı Biber ve Feta Dip

İÇİNDEKİLER:
- 1 su bardağı közlenmiş kırmızı biber (kavanozdan), süzülmüş
- 1/2 bardak beyaz peynir, ufalanmış
- 2 yemek kaşığı sızma zeytinyağı
- 1 çay kaşığı kurutulmuş kekik
- 1 diş sarımsak, kıyılmış

TALİMATLAR:
a) Bir mutfak robotunda kavrulmuş kırmızı biberleri, beyaz peyniri, zeytinyağını, kıyılmış sarımsağı ve kekiği pürüzsüz hale gelinceye kadar karıştırın.
b) Bir servis tabağına aktarın.
c) Pide cipsi veya sebze çubukları ile servis yapın.

47. İspanyol -Fas Sığır Kebapları

İÇİNDEKİLER:

- ½ su bardağı portakal suyu
- 2 çay kaşığı Zeytinyağı
- 1½ çay kaşığı Limon suyu
- 1 çay kaşığı Kurutulmuş kekik
- 10 ons Kemiksiz yağsız sığır eti, 2 "küp halinde kesilmiş

TALİMATLAR:

a) Marine sosunu hazırlamak için portakal suyu, zeytinyağı, limon suyu ve kurutulmuş kekiği bir kasede birleştirin.
b) Sığır küplerini marineye ekleyin ve kaplayın. En az 2 saat veya gece boyunca buzdolabında bekletin.
c) Izgarayı önceden ısıtın ve rafı yapışmaz pişirme spreyi ile kaplayın.
d) Marine edilmiş dana etlerini şişlere geçirin.
e) Kebapları 15-20 dakika ızgarada pişirin, döndürün ve ayırdığınız turşuyla sık sık fırçalayın, beğeninize göre pişene kadar.
f) Sıcak servis yapın.

48.Fas Avokado Humus

İÇİNDEKİLER:
- 1 bardak humus
- 1 olgun avokado, doğranmış
- 1 yemek kaşığı limon suyu
- 1 yemek kaşığı kıyılmış taze maydanoz
- 1 yemek kaşığı çam fıstığı (isteğe bağlı)

TALİMATLAR:
a) Bir kasede doğranmış avokadoyu yavaşça humusun içine katlayın.
b) Karışımın üzerine limon suyunu gezdirin.
c) Kıyılmış maydanoz ve çam fıstığı serpin.
ç) Tam tahıllı krakerler veya salatalık dilimleri ile servis yapın.

49.Fas Domatesli Tost

İÇİNDEKİLER:

- 4 adet olgun domates, doğranmış
- 1/4 bardak taze fesleğen, doğranmış
- 2 yemek kaşığı sızma zeytinyağı
- 1 diş sarımsak, kıyılmış
- Tatmak için biber ve tuz

TALİMATLAR:

a) Bir kapta doğranmış domatesleri, doğranmış fesleğeni, kıyılmış sarımsağı ve zeytinyağını birleştirin.
b) Tuz ve karabiberle tatlandırın.
c) Karışımın 15-20 dakika kadar marine edilmesine izin verin.
ç) Domates karışımını kızarmış baget dilimlerinin üzerine kaşıkla dökün.

50.Çıtır İtalyan Patlamış Mısır Karışımı

İÇİNDEKİLER:
- 10 bardak Patlamış Mısır
- 3 bardak Borazan şeklindeki mısır atıştırmalıkları
- ¼ bardak Margarin veya tereyağı
- 1 çay kaşığı İtalyan baharatı
- ⅓ bardak parmesan peyniri

TALİMATLAR:
a) Mikrodalgaya uygun büyük bir kapta patlamış mısır ve mısır atıştırmalıklarını birleştirin.
b) 1 fincanlık mikro güvenli ölçülerde peynir hariç kalan malzemeleri birleştirin.
c) 1 dakika boyunca YÜKSEK sıcaklıkta veya margarin eriyene kadar mikrodalgada tutun; karıştırmak. Patlamış mısır karışımını üstüne dökün.
d) Her şey eşit şekilde kaplanana kadar fırlatın. Mikrodalga, üstü açık, kızarıncaya kadar 2-4 dakika boyunca, her dakika karıştırarak. Üzerine parmesan peyniri serpilmelidir.
e) Sıcak servis yapın.

51. Kırmızı Biber ve Beyaz Peynir Sosu

İÇİNDEKİLER:
- 1 bardak közlenmiş kırmızı biber (mağazadan satın alınmış veya ev yapımı)
- ½ su bardağı beyaz peynir, ufalanmış
- 1 diş sarımsak, kıyılmış
- 1 çay kaşığı limon suyu
- Tatmak için biber ve tuz

TALİMATLAR:
a) Bir mutfak robotunda tüm malzemeleri pürüzsüz hale gelinceye kadar birleştirin.
b) Sosu tam tahıllı pide cipsleriyle servis edin.

52. Fas Humus Sosu

İÇİNDEKİLER:
- 1 bardak humus
- 2 yemek kaşığı sızma zeytinyağı
- 1 çay kaşığı kırmızı biber
- 1 yemek kaşığı kıyılmış taze maydanoz
- 1 diş sarımsak, kıyılmış

TALİMATLAR:
a) Bir kapta humus ve kıyılmış sarımsağı karıştırın.
b) Humusun üzerine zeytinyağını gezdirin.
c) Üzerine pul biber ve kıyılmış maydanoz serpin.
ç) Pide ekmeği veya taze sebze çubukları ile servis yapın.

53.Feta ve Zeytin Tapenade

İÇİNDEKİLER:
- 1 su bardağı Kalamata zeytini, çekirdekleri çıkarılmış
- 1 su bardağı beyaz peynir, ufalanmış
- 2 yemek kaşığı sızma zeytinyağı
- 1 çay kaşığı kurutulmuş kekik
- 1 limon kabuğu rendesi ve

TALİMATLAR:
a) Bir mutfak robotunda zeytinleri, beyaz peyniri, zeytinyağını ve kekiği birleştirin.
b) Karışım istediğiniz kıvama gelinceye kadar nabız atın.
c) Limon kabuğu rendesini karıştırın.
ç) Kraker veya dilimlenmiş baget ile servis yapın.

54. Fas Yaprak Sarması

İÇİNDEKİLER:

- 1 kavanoz üzüm yaprağı, süzülmüş
- 1 su bardağı pişmiş kinoa
- 1/2 su bardağı ufalanmış beyaz peynir
- 1/4 bardak Kalamata zeytini, doğranmış
- 2 yemek kaşığı sızma zeytinyağı

TALİMATLAR:

a) Bir kasede pişmiş kinoa, beyaz peynir ve doğranmış Kalamata zeytinlerini karıştırın.
b) Üzüm yaprağını düz bir yüzeye koyun, bir kaşık kinoa karışımını ekleyin ve sıkı bir silindir şeklinde yuvarlayın.
c) Tüm üzüm yaprakları dolana kadar işlemi tekrarlayın.
ç) Doldurulmuş üzüm yapraklarının üzerine zeytinyağını gezdirin.
d) Soğutulmuş hizmet.

ANA DİL

55.Fas usulü tavuk tepsisi

İÇİNDEKİLER:
- 200 gr bebek havuç
- 2 kırmızı soğan, soyulmuş ve her biri 8 parçaya bölünmüş
- 2 yemek kaşığı zeytinyağı
- 2 yemek kaşığı ras-el-hanout
- 200 ml tavuk suyu
- 150g kuskus
- 4 tavuk göğsü, derisi alınmış
- 2 kabak
- 1 x 400g teneke nohut, suyu süzülmüş ve durulanmış
- 50 ml su
- 4 yemek kaşığı kıyılmış kişniş
- Limon suyu, tadı
- 15 gr doğranmış antep fıstığı, kabaca doğranmış
- Deniz tuzu ve taze çekilmiş karabiber
- Servis için gül yaprakları (isteğe bağlı)

TALİMATLAR:

a) Fırını 220°C/200°C fan/Gaz 7'ye önceden ısıtın.
b) Bebek havuçları yıkayın, büyük olanları uzunlamasına ikiye bölün. Soğanlarla birlikte geniş bir fırın tepsisine yerleştirin. 1 çorba kaşığı zeytinyağını gezdirin ve eşit şekilde kaplanana kadar 1 çorba kaşığı ras-el-hanout'un üzerine serpin. 10 dakika kadar fırına koyun.
c) Tavuk suyunu küçük bir tavaya dökün, orta-yüksek ateşte koyun ve kaynatın. Kuskusu biraz tuz ve karabiberle birlikte bir kaseye koyun. Üzerine sıcak suyu dökün, streç filmle örtün ve sıvının emilmesi için bir kenara koyun.
ç) Tavuk derisini keskin bir bıçakla çizin, ardından tuz ve karabiberle tatlandırın ve ½ çorba kaşığı ras-el-hanout'un üzerine serpin.
d) Her bir kabağı uzunlamasına dörde bölün ve ardından 5 cm uzunluğunda kesin, ardından kalan ½ çorba kaşığı ras-el-hanout'u serpin. Tepsiyi fırından çıkarıp kabak ve nohutları ekleyin. Üzerine tavuk göğüslerini yerleştirin ve kalan yemek kaşığı zeytinyağını üzerine gezdirin. Tencerenin dibine su ekleyin ve 15 dakika boyunca yüksek bir rafta fırına geri koyun.
e) Bu arada kuskusu açın ve bir çatalla kabartın. Kişnişi ekleyip karıştırın, ardından limon suyu, tuz ve karabiberi ekleyin.
f) Kızartma tepsisini fırından çıkarın ve üzerine antep fıstığı ve gül yaprakları (kullanıyorsanız) serpin. Masaya getirin ve doğrudan tepsiden servis yapın.

56.Fas Nohut Tagini

İÇİNDEKİLER:
- 2 yemek kaşığı zeytinyağı
- 1 soğan, doğranmış
- 3 diş sarımsak, kıyılmış
- 1 çay kaşığı öğütülmüş kimyon
- 1 çay kaşığı öğütülmüş kişniş
- ½ çay kaşığı öğütülmüş tarçın
- ½ çay kaşığı öğütülmüş zencefil
- ¼ çay kaşığı acı biber (isteğe bağlı, ısı için)
- 1 kutu (14 ons) doğranmış domates
- 2 su bardağı pişmiş nohut (veya 1 kutu, süzülmüş ve durulanmış)
- 1 su bardağı sebze suyu
- 1 su bardağı doğranmış havuç
- 1 su bardağı doğranmış patates
- ½ su bardağı doğranmış kuru kayısı
- ¼ bardak doğranmış taze kişniş (artı garnitür için daha fazlası)
- Tatmak için biber ve tuz

TALİMATLAR:
a) Büyük bir tencerede veya taginde zeytinyağını orta ateşte ısıtın. Doğranmış soğanı ve kıyılmış sarımsağı ekleyin ve soğan yarı saydam ve kokulu hale gelinceye kadar soteleyin.

b) Tencereye öğütülmüş kimyonu, öğütülmüş kişnişi, öğütülmüş tarçını, öğütülmüş zencefili ve kırmızı biberi (kullanılıyorsa) ekleyin. Soğan ve sarımsağı baharatlarla kaplamak için iyice karıştırın.

c) Doğranmış domatesleri (sularıyla birlikte) dökün ve baharatlarla birleşinceye kadar karıştırın.

ç) Tencereye pişmiş nohutları, sebze suyunu, küp küp doğranmış havuçları, küp küp doğranmış patatesleri ve doğranmış kuru kayısıları ekleyin. Tüm malzemeleri birleştirmek için karıştırın.

d) Karışımı kaynatın, ardından ısıyı en aza indirin. Tencerenin kapağını kapatın ve yaklaşık 45 dakika ila 1 saat kadar veya sebzeler yumuşayana ve tatlar birbirine karışıncaya kadar pişirin.

e) Kıyılmış taze kişnişi karıştırın ve tuz ve karabiberle tatlandırın.

f) Tatların karışmasına izin vermek için tagini 5 dakika daha pişirin.

g) Fas Nohut Tagini'ni ilave doğranmış taze kişniş ile süslenmiş kaselerde servis edin.

57. Fas Nohut Yahnisi

İÇİNDEKİLER:

- 1 yemek kaşığı zeytinyağı
- 1 soğan, doğranmış
- 2 diş sarımsak, kıyılmış
- 1 havuç, doğranmış
- 1 kırmızı dolmalık biber, doğranmış
- 1 çay kaşığı öğütülmüş kimyon
- 1 çay kaşığı öğütülmüş kişniş
- ½ çay kaşığı öğütülmüş zerdeçal
- ½ çay kaşığı öğütülmüş tarçın
- 1 kutu (14 ons) doğranmış domates
- 2 su bardağı pişmiş nohut (veya 1 kutu, durulanmış ve süzülmüş)
- 2 su bardağı düşük sodyumlu sebze suyu
- Tatmak için biber ve tuz
- Garnitür için doğranmış taze kişniş veya maydanoz

TALİMATLAR:

a) Büyük bir tencerede zeytinyağını orta ateşte ısıtın. Soğanı, sarımsağı, havucu ve kırmızı dolmalık biberi ekleyin. Sebzeler yumuşayana kadar pişirin.

b) Tencereye kimyon, kişniş, zerdeçal ve tarçını ekleyin. Sebzelerin baharatlarla kaplanması için iyice karıştırın.

c) Doğranmış domatesleri, nohutları ve sebze suyunu dökün. Tatmak için tuz ve karabiber ekleyin.

ç) Güveci kaynatın, ardından ısıyı azaltın ve tatların birbirine karışmasını sağlamak için 15-20 dakika pişirin.

d) Taze kişniş veya maydanozla süslenmiş Fas nohut güvecini servis edin.

58.Fas Baharatlı Nohut Kaseleri

İÇİNDEKİLER:
- 3 yemek kaşığı (45 ml) avokado veya sızma zeytinyağı, bölünmüş
- ½ orta boy soğan, doğranmış
- 2 diş sarımsak, kıyılmış
- 2 çay kaşığı (4 gr) harissa
- 1 çay kaşığı (5 gr) domates salçası
- 2 çay kaşığı (4 gr) öğütülmüş kimyon
- 1 çay kaşığı (2 gr) kırmızı biber
- ½ çay kaşığı öğütülmüş tarçın
- Kaşer tuzu ve taze çekilmiş karabiber
- 2 su bardağı (400 gr) nohut, süzülmüş
- 1 (14 ons veya 392 g) doğranmış domates konservesi
- ¾ su bardağı (125 gr) bulgur
- 1½ su bardağı (355 ml) su
- 8 paketlenmiş bardak (560 g) kıyılmış lahana
- 2 avokado, soyulmuş, çekirdeği çıkarılmış ve ince dilimlenmiş
- 4 haşlanmış yumurta
- 1 tarif Nane Yoğurt Sosu

TALİMATLAR:

a) 2 yemek kaşığı (30 ml) yağı bir tavada orta ateşte parıldayana kadar ısıtın. Soğanı ekleyin ve ara sıra karıştırarak yumuşak ve hoş kokulu olana kadar yaklaşık 5 dakika pişirin. Sarımsak, harissa, salça, kimyon, kırmızı biber, tarçın, tuz ve karabiberi ekleyip 2 dakika pişirin. Nohut ve domatesleri karıştırın. Kaynatın, ardından ısıyı en aza indirin ve 20 dakika pişirin. Bu arada bulguru hazırlayın.

b) Orta boy bir tencerede bulguru, suyu ve bir tutam tuzu birleştirin. Kaynatın. Isıyı en aza indirin, örtün ve yumuşayana kadar 10 ila 15 dakika pişirin.

c) Kalan 1 yemek kaşığı (15 ml) yağı bir tavada orta ateşte parıldayana kadar ısıtın. Lahanayı ekleyin ve tuzla tatlandırın. Ara sıra karıştırarak yumuşayana ve solana kadar yaklaşık 5 dakika pişirin.

ç) Servis etmek için bulguru kaselere paylaştırın. Üzerine nohut, domates, lahana, avokado ve bir yumurta ekleyin. Nane Yoğurt Sosunu gezdirin.

59. Kayısılı Fas Kızarmış Kuzu Omuz

İÇİNDEKİLER:
- 3 pound kemiksiz kuzu omuzu, 1½ ila 2 inçlik parçalar halinde kesilmiş
- Kaşer tuzu ve taze çekilmiş karabiber
- Sızma zeytinyağı
- 1 sarı soğan, orta boy doğranmış
- 1 havuç, soyulmuş ve ½ inç kalınlığında yuvarlaklar halinde kesilmiş
- 4 diş sarımsak, kıyılmış
- 1 (1 inç) parça zencefil, soyulmuş ve kıyılmış
- 2 yemek kaşığı Ras el Hanout
- 1 (14 ila 15 ons) küp küp doğranmış domates
- 1 su bardağı tavuk suyu
- ½ bardak su
- ½ su bardağı kuru kayısı veya çekirdeği çıkarılmış hurma, doğranmış
- ½ limon suyu
- Garnitür için ¼ bardak beyazlatılmış badem, kızartılmış ve iri kıyılmış
- Garnitür için ¼ bardak bütün kişniş yaprağı

TALİMATLAR:

a) Kuzu kızartın. Fırını önceden 325°F'ye ısıtın. Kuzu etini 1 yemek kaşığı tuz ve 1½ çay kaşığı karabiber ile tatlandırın. Hollandalı bir fırında, 1 çorba kaşığı zeytinyağını orta-yüksek ateşte sıcak olana kadar ısıtın. Gruplar halinde çalışarak ve gerektiği kadar daha fazla yağ ekleyerek kuzu etini tek bir katman halinde ekleyin. Ara sıra çevirerek, parti başına 10 ila 15 dakika, her tarafı iyice kızarana kadar pişirin. Bir tabağa aktarın.

b) Sebzeleri pişirin. Tencereden 1 yemek kaşığı yağ hariç hepsini atın. Soğanı, havucu, sarımsağı ve zencefili ekleyin. Soğan hafifçe yumuşayana kadar 1 ila 2 dakika boyunca ara sıra karıştırarak ve tencerenin dibindeki kahverengileşmiş parçaları (düşkün) kazıyarak pişirin. Ras el hanout'u ekleyin. Sık sık karıştırarak yaklaşık 1 dakika, kokusu çıkana kadar pişirin. Kuzu eti, birikmiş meyve sularıyla birlikte tencereye geri koyun ve baharatlarla kaplanması için kısa süre karıştırın.

c) Kuzu kızartın. Domatesleri ve meyve sularını ekleyin ve birleştirmek için karıştırın. Tuz ve karabiberle tatlandırın. Stok ve suyu ekleyin ve iyice birleştirmek için karıştırın. Orta-yüksek ateşte kaynamaya kadar ısıtın. Isıdan çıkarın ve parşömen kağıttan yapılmış bir daire ile üstüne koyun. Kapağını kapatıp fırına aktarın. Kuzu iyice yumuşayana kadar yaklaşık 1 saat 45 dakika pişirin.

ç) Kızartmayı bitirin. Fırından çıkarın; parşömen çemberini atın. Kayısıları karıştırın ve kayısılar yumuşayana kadar 10 ila 15 dakika bekletin. Limon suyunu karıştırın. Kuzu etini servis tabağına aktarın. Badem ve kişniş yapraklarıyla süsleyip servis yapın.

60.Fas kuzu ve harissa burgerleri

İÇİNDEKİLER:
- 500 gr kuzu kıyma
- 2 yemek kaşığı harissa ezmesi
- 1 Yemek kaşığı kimyon tohumu
- 2 demet yadigarı havuç
- 1/2 demet nane, yaprakları toplanmış
- 1 Yemek kaşığı kırmızı şarap sirkesi
- 80 gr kırmızı Leicester peyniri, iri rendelenmiş
- 4 tohumlu brioche çöreği, bölünmüş
- 1/3 su bardağı (65 gr) süzme peynir

TALİMATLAR:

a) Bir fırın tepsisini pişirme kağıdıyla hizalayın. Kıymayı bir kaseye koyun ve cömertçe baharatlayın. 1 Yemek kaşığı harissa ekleyin ve temiz ellerle iyice birleştirin.

b) Kuzu karışımını 4 köfte haline getirin ve üzerine kimyon tohumu serpin. Hazırlanan tepsiye yerleştirin, üzerini örtün ve ihtiyaç duyulana kadar soğutun (köfteleri pişirmeden önce oda sıcaklığına getirin).

c) Bu arada havuç, nane ve sirkeyi bir kapta karıştırıp hafifçe turşu olması için bir kenara bırakın.

ç) Bir barbekü veya ızgara tavasını orta-yüksek ısıya ısıtın. Köftelerin her iki tarafını da 4-5 dakika veya iyi bir kabuk oluşuncaya kadar ızgarada pişirin. Üzerine peyniri koyun, ardından kapağını kapatın (kömürde ızgara tavası kullanıyorsanız folyo kullanın) ve çevirmeden 3 dakika daha veya peynir eriyene ve köfteler iyice pişene kadar pişirin.

d) Börek çöreklerini kesik tarafı aşağı bakacak şekilde 30 saniye veya hafifçe kızarana kadar ızgara yapın. Süzme peynirini çörek tabanlarına paylaştırın, ardından üzerine salamura havuç karışımını ekleyin.

e) Köfteleri ve kalan 1 yemek kaşığı harissayı ekleyin. Harissa'nın yanlardan akmasını ve içine sıkışmasını sağlayacak şekilde kapakları açın.

61.Fas Usulü Pilav ve Nohut Fırında

İÇİNDEKİLER:
- Zeytinyağı pişirme spreyi
- 1 su bardağı uzun taneli kahverengi pirinç
- 2 ¼ su bardağı tavuk suyu
- 1 (15,5 ons) kutu nohut, suyu süzülmüş ve durulanmış
- ½ su bardağı doğranmış havuç
- ½ su bardağı yeşil bezelye
- 1 çay kaşığı öğütülmüş kimyon
- ½ çay kaşığı öğütülmüş zerdeçal
- ½ çay kaşığı öğütülmüş zencefil
- ½ çay kaşığı soğan tozu
- ½ çay kaşığı tuz
- ¼ çay kaşığı öğütülmüş tarçın
- ¼ çay kaşığı sarımsak tozu
- ¼ çay kaşığı karabiber
- Süslemek için taze maydanoz

TALİMATLAR:
a) Hava fritözünü 380°F'ye önceden ısıtın. 5 bardak kapasiteli güveç kabının içini zeytinyağı pişirme spreyi ile hafifçe kaplayın. (Güveç kabının şekli fritözün boyutuna bağlı olacaktır ancak en az 5 fincan alabilecek kapasitede olması gerekir.)

b) Güveç kabında pirinç, et suyu, nohut, havuç, bezelye, kimyon, zerdeçal, zencefil, soğan tozu, tuz, tarçın, sarımsak tozu ve karabiberi birleştirin. Birleştirmek için iyice karıştırın.

c) Alüminyum folyo ile gevşek bir şekilde örtün.

ç) Kapalı güveç kabını hava fritözüne yerleştirin ve 20 dakika pişirin. Hava fritözünden çıkarın ve iyice karıştırın.

d) Güveci tekrar hava fritözüne yerleştirin, kapağını açın ve 25 dakika daha pişirin.

e) Servis yapmadan önce bir kaşıkla kabartın ve üzerine kıyılmış taze maydanoz serpin.

62.Fas Somonu ve Darı Kaseleri

İÇİNDEKİLER:
- ¾ su bardağı (130 gr) darı
- 2 su bardağı (470 ml) su
- Kaşer tuzu ve taze çekilmiş karabiber
- 3 yemek kaşığı (45 ml) avokado veya sızma zeytinyağı, bölünmüş
- ½ su bardağı (75 gr) kurutulmuş kuş üzümü
- ¼ bardak (12 gr) ince kıyılmış taze nane
- ¼ bardak (12 gr) ince kıyılmış taze maydanoz
- 3 orta boy havuç
- 1½ yemek kaşığı (9 gr) harissa
- 1 çay kaşığı (6 gr) bal
- 1 diş sarımsak, kıyılmış
- ½ çay kaşığı öğütülmüş kimyon
- ½ çay kaşığı öğütülmüş tarçın
- 4 (4 ila 6 ons, 115 ila 168 g) somon filetosu
- ½ orta boy İngiliz salatalığı, doğranmış
- 2 adet paketlenmiş bardak (40 gr) roka
- 1 tarif Nane Yoğurt Sosu

TALİMATLAR:

a) Fırını önceden 425°F'ye (220°C veya gaz işareti 7) ısıtın.

b) Darıyı büyük, kuru bir tencereye ekleyin ve orta ateşte altın kahverengi olana kadar 4 ila 5 dakika kızartın. Suyu ve bir tutam tuzu ekleyin. Su sıçrayacak ama çabuk çökecek.

c) Kaynatın. Isıyı en aza indirin, 1 çorba kaşığı (15 ml) yağı ilave edin, kapağını kapatın ve suyun çoğu emilene kadar 15 ila 20 dakika pişirin. Ateşten alın ve tencerede 5 dakika buharda pişirin. Soğuduktan sonra kuş üzümü, nane ve maydanozu ekleyip karıştırın.

ç) Bu arada havuçları soyun ve ½ inç (1,3 cm) kalınlığında yuvarlaklar halinde dilimleyin. Orta boy bir kapta 1½ yemek kaşığı (23 ml) yağ, harissa, bal, sarımsak, tuz ve karabiberi birlikte çırpın. Havuçları ekleyin ve birleştirmek için fırlatın.

d) Parşömen kaplı kenarlı bir fırın tepsisinin bir tarafına eşit bir tabaka halinde yayın. Havuçları 12 dakika kızartın.

e) Geriye kalan ½ yemek kaşığı (7 ml) yağı, kimyonu, tarçını ve ½ çay kaşığı tuzu küçük bir kasede çırpın. Somon filetoların üzerine fırçayla sürün.

f) Fırın tepsisini fırından çıkarın. Havuçları çevirin ve somonu diğer tarafa yerleştirin. Somon iyice pişene ve kolayca pul pul dökülene kadar, kalınlığına bağlı olarak 8 ila 12 dakika kadar kızartın.

g) Servis yapmak için otlu darıyı kaselere paylaştırın. Üzerine somon fileto, kavrulmuş havuç, salatalık ve roka ekleyin ve üzerine Nane Yoğurt Sosu gezdirin.

63.Bakla ve et güveç

İÇİNDEKİLER:

- 1 pound Yağsız sığır eti
- Veya kuzu; kesmek
- Orta büyüklükte parçalara
- Tuz ve biber
- 1 çay kaşığı Zencefil
- ½ çay kaşığı Zerdeçal
- 4 diş sarımsak; ezilmiş
- 1 büyük Soğan; ince doğranmış
- ½ su bardağı ince kıyılmış taze kişniş yaprağı
- 1½ bardak Su
- 4 yemek kaşığı Zeytinyağı
- 2 su bardağı taze bakla
- Veya 19 oz konserve favas; süzülmüş
- 5 yemek kaşığı Limon suyu
- ½ su bardağı çekirdekleri çıkarılmış siyah zeytin; isteğe bağlı

TALİMATLAR:

a) Bir tencereye et, tuz, karabiber, zencefil, zerdeçal, sarımsak, soğan, kişniş (kişniş), su ve yağı koyun; Daha sonra kapağını kapatıp orta ateşte etler yumuşayıncaya kadar pişirin. (90 dakika veya daha fazla)

b) Baklaları ekleyin ve fasulyeler yumuşayıncaya kadar pişirmeye devam edin.

c) Limon suyunu karıştırın. Servis kasesine alıp zeytinlerle süsleyin.

64.Fas Kuzu Biberi

İÇİNDEKİLER:

- 2 lbs öğütülmüş kuzu
- 2 yemek kaşığı zeytinyağı
- 1 büyük soğan, doğranmış
- 4 diş sarımsak, kıyılmış
- 2 kırmızı biber, doğranmış
- 1 kutu (28 oz) doğranmış domates, süzülmemiş
- 2 kutu (her biri 15 oz) nohut, süzülmüş ve durulanmış
- 2 yemek kaşığı harissa ezmesi
- 1 çay kaşığı öğütülmüş tarçın
- 1/2 çay kaşığı öğütülmüş zencefil
- Tatmak için biber ve tuz

TALİMATLAR:

a) Zeytinyağını büyük bir tencerede orta-yüksek ateşte ısıtın.
b) Soğanı ve sarımsağı ekleyip soğan şeffaflaşıncaya kadar soteleyin.
c) Kıyılmış kuzu eti ekleyin ve kızarana kadar pişirin.
ç) Kırmızı biberleri ekleyip 5 dakika daha pişirmeye devam edin.
d) Küp küp doğranmış domatesi, nohutu, harissa salçasını, tarçını, zencefili, tuzu ve karabiberi ekleyin.
e) Kaynatın, ardından ısıyı en aza indirin ve 30 dakika pişirin.
f) Sıcak servis yapın ve tadını çıkarın!

65. Bakla püresi - bissara

İÇİNDEKİLER:

- 2 su bardağı Büyük kuru bakla; gece boyunca ıslatılmış
- Ve süzülmüş
- 3 diş sarımsak; ezilmiş
- Tuz; tatmak
- ½ su bardağı zeytinyağı
- 8 bardak Su
- 5 yemek kaşığı Limon suyu
- 2 çay kaşığı kimyon
- 1 çay kaşığı pul biber
- ½ çay kaşığı biber tozu
- ½ su bardağı kıyılmış maydanoz

TALİMATLAR:

a) Baklayı, sarımsağı, tuzu, 4 yemek kaşığı zeytinyağını ve suyu bir tencereye koyun; Daha sonra orta ateşte fasulyeler yumuşayıncaya kadar pişirin.

b) Fasulyeleri bir mutfak robotuna yerleştirin ve pürüzsüz hale gelinceye kadar işleyin, ardından tencereye geri dönün. Limon suyunu ve kimyonu ekleyip kısık ateşte 5 dakika pişirin.

c) Servis tabağına kaşıkla dökün. Kalan zeytinyağını eşit şekilde üstüne dökün; daha sonra kırmızı biber ve toz biber serpin.

ç) Maydanozla süsleyip servis yapın.

66.Kuzu ve armut tagini

İÇİNDEKİLER:
- 2 ortam Soğanlar; soyulmuş ve dilimlenmiş
- 1 yemek kaşığı Zeytinyağı; ışık
- 6 ons Kuzu; küp şeklinde kesilmiş
- 1 yemek kaşığı Madeira
- ½ çay kaşığı Kimyon
- ½ çay kaşığı Öğütülmüş kişniş
- ½ çay kaşığı Rendelenmiş zencefil
- ¼ çay kaşığı Öğütülmüş tarçın; veya istenirse daha fazlası
- ½ çay kaşığı öğütülmüş karabiber
- 1½ bardak Soğuk su; veya kaplamak için
- 1 çay kaşığı Bal
- 1 büyük Bosc armut; çekirdeği çıkarılmış ve bölümlere ayrılmış, daha sonra 1/2 inçlik parçalar halinde doğranmış (kabukları açıkta bırakılmış)
- ¼ fincan Altın çekirdeksiz kuru üzüm VEYA kuru üzüm
- 2 yemek kaşığı şeritli badem; tost
- Tuz ve biber; tatmak
- 1½ bardak Pişmiş pirinç; ile karıştırılmış
- 1 çay kaşığı kıyılmış taze fesleğen
- 1⅓ bardak Dilimlenmiş havuç; buğulanmış

TALİMATLAR:
a) Büyük bir tencerede soğanı zeytinyağında yumuşak ve tatlı hale gelinceye kadar (20 dakika) hafifçe kızartın. Eti tavaya ekleyip rengi değişene kadar pişirin. Baharatları ekleyin; ısınana ve kuruyana kadar karıştırın. Şarabı ekleyin ve hızla yakın. Daha sonra eti kaplayacak kadar soğuk musluk suyu ekleyin. Kapağını kapatıp etler yumuşayıncaya kadar yaklaşık 45 dakika pişirin.

b) Ortaya çıkarmak. Armutları kuru üzüm ve bademlerle birlikte ete ekleyin (kuru bir tavada kısa süre ısıtılır). 10 ila 15 dakika daha veya armutlar yumuşayana ancak çok yumuşak olmayana kadar pişirin. Tuz ve karabiberi tadın ve ayarlayın.

c) Sos çok ince görünüyorsa, ararot veya patates nişastası ile koyulaştırın. Yanında havuçla birlikte pirinçle servis yapın.

67.Marakeş pirinç ve mercimek çorbası

İÇİNDEKİLER:
- ¼ bardak Mercimek; gece boyunca ıslatılmış
- 7 su bardağı Su
- 2 yemek kaşığı Zeytin yağı
- ½ bardak İnce kıyılmış taze kişniş yaprakları
- 1 çay kaşığı Kırmızı biber
- ½ bardak Pirinç; durulanmış
- Tuz ve biber
- ½ çay kaşığı kimyon
- 1 Adet toz biber
- 2 yemek kaşığı Un; içinde çözünmüş
- ½ bardak Su
- ¼ bardak Limon suyu

TALİMATLAR:
a) Mercimeklerin ıslatılması gerekmez; ve genellikle kullanmadan önce bunları ayıklayıp yıkıyoruz. Islanırlarsa pişirme süresini yarı yarıya kısaltabiliriz.

b) Bir tencereye mercimeği, ıslatma suyunu, zeytinyağını, kişniş yapraklarını ve kırmızı biberi koyun. Yüksek ateşte kaynatın.

c) Örtün ve orta ateşte 25 dakika pişirin; daha sonra un karışımı ve limon suyu dışında kalan malzemeleri ekleyin ve 20 dakika daha veya pirinç taneleri yumuşayana ancak hâlâ bütün olana kadar pişirin.

ç) Ateşten alın ve un ezmesini ve limon suyunu yavaş yavaş ekleyerek karıştırın.

d) Ateşe dönün ve kaynatın. Derhal servis yapın.

68.Kalın nohut ve et çorbası / hareera

İÇİNDEKİLER:

- ¼ pound Nohut; gece boyunca ıslatılmış
- ½ bardak Tereyağı
- 2 su bardağı Kıyılmış soğan; bölünmüş
- Tuz ve biber
- ½ pound Kuzu veya dana kemikleri
- 1 tutam Tarçın
- 1 tutam Safran
- 3 litre Su
- ½ su bardağı ince kıyılmış taze kişniş yaprağı
- 2 su bardağı Domates suyu
- 1 su bardağı Pirinç; durulanmış
- 3 yemek kaşığı Un
- ½ su bardağı ince kıyılmış taze maydanoz
- ¼ bardak Limon suyu; isteğe bağlı

TALİMATLAR:

a) Nohutları bölüp kabuklarını çıkarın. Bir kenara koyun.

b) Tereyağını bir tencerede eritin, ardından 1 su bardağı soğanı, tuzu ve karabiberi ekleyin. Orta ateşte, soğanlar açık kahverengi oluncaya kadar soteleyin.

c) Eti kemiklerinden ayırıp küp küp doğrayın. Doğranmış eti ve kemikleri tavada karıştırın ve et açık kahverengi oluncaya kadar soteleyin. Geriye kalan bir bardak soğanı, nohutu, tarçını, safranı ve 1 litre suyu ekleyin ve nohutlar pişene kadar pişirin. 1 yemek kaşığı kişniş yaprağını ilave edip 5 dakika daha pişirin. Bir kenara koyun.

ç) Başka bir tencerede kalan 2 litre suyu, domates suyunu, tuzu ve karabiberi 5 dakika kaynatın. Pirinci ekleyin ve tekrar kaynatın; daha sonra ateşi kısın ve pirinç pişene kadar pişirin.

d) İnce bir macun yapmak için unu 3 yemek kaşığı soğuk suyla karıştırın. Macunu yavaşça pirinç karışımına karıştırın. Geriye kalan kişnişi ve maydanozu ekleyin. 5 dakika daha pişirin. Et ve pirinç karışımını birleştirip servis yapın.

69. Fas Quinoa Kasesi

İÇİNDEKİLER:
- 1 su bardağı pişmiş kinoa
- 1 su bardağı kiraz domates, ikiye bölünmüş
- 1 salatalık, doğranmış
- ½ bardak nohut, süzülmüş ve durulanmış
- ¼ bardak Kalamata zeytini, dilimlenmiş

TALİMATLAR:
a) Bir kasede pişmiş kinoa, kiraz domates, salatalık, nohut ve Kalamata zeytinlerini birleştirin.
b) Malzemeleri birlikte atın.
c) Taze maydanozla süsleyin.
ç) Oda sıcaklığında veya soğuk servis edin.

70.Tavuk Marsala

İÇİNDEKİLER:
- ¼ su bardağı un
- Tatmak için biber ve tuz
- 4 kemiksiz tavuk göğsü, dövülmüş
- ¼ fincan tereyağı
- 1 bardak marsala

TALİMATLAR:
a) Bir karıştırma kabında un, tuz ve karabiberi birleştirin.
b) Dövülmüş tavuk göğüslerini un karışımına bulayın.
c) Büyük bir tavada tereyağını eritin.
ç) Taranan tavuk göğüslerinin her iki tarafını da 4'er dakika pişirin.
d) Aynı tavaya marsalayı ekleyin ve tavuğu kısık ateşte 10 dakika daha pişirin.
e) Pişen tavukları servis tabağına aktarın.

71.Fas Sebzeli Dürüm

İÇİNDEKİLER:
- 1 tam tahıllı sarma veya gözleme
- 2 yemek kaşığı humus
- ½ su bardağı karışık salata yeşillikleri
- ¼ bardak salatalık, ince dilimlenmiş
- ¼ bardak kiraz domates, yarıya bölünmüş

TALİMATLAR:
a) Humus'u tam tahıllı ambalajın üzerine eşit şekilde yayın.
b) Karışık salata yeşilliklerini, salatalıkları ve kiraz domatesleri katlayın.
c) Ruloyu sıkıca sarın ve ikiye bölün.

72.Sarımsaklı Kaşarlı Tavuk

İÇİNDEKİLER:
- ¼ fincan tereyağı
- ½ su bardağı rendelenmiş parmesan peyniri
- ½ bardak Panko galeta unu
- 1 ¼ bardak keskin kaşar peyniri
- 8 tavuk göğsü

TALİMATLAR:
a) Fırını önceden 350 Fahrenheit dereceye ısıtın.
b) Bir tavada tereyağını eritip kıyılmış sarımsağı 5 dakika kavurun.
c) Büyük bir karıştırma kabında parmesan peyniri, Panko galeta unu, çedar peyniri, İtalyan baharatı, tuz ve karabiberi birleştirin.
ç) Her bir tavuk göğsünü eritilmiş tereyağına batırın ve ardından galeta unu karışımıyla kaplayın.
d) Kaplanmış her tavuk göğsünü bir fırın tepsisine yerleştirin.
e) Kalan tereyağını da üzerine gezdirin.
f) Fırını önceden 350°F'ye ısıtın ve 30 dakika pişirin.
g) Daha fazla gevreklik için, 2 dakika boyunca ızgaranın altına koyun.

73.Pesto Krema Soslu Karides

İÇİNDEKİLER:
- 1 paket linguine makarna
- 1 Yemek kaşığı zeytinyağı
- 1 su bardağı dilimlenmiş mantar
- ½ bardak ağır krema
- 1 bardak pesto

TALİMATLAR:
a) Makarnayı paketteki talimatlara göre pişirin, ardından süzün.
b) Bir tavada zeytinyağını ısıtın ve dilimlenmiş mantarları 5 dakika pişirin.
c) Yoğun kremayı karıştırın, tuz, karabiber ve kırmızı biberle tatlandırın ve 5 dakika pişirin.
ç) Rendelenmiş Pecorino Romano peynirini ekleyip eriyene kadar çırpın.
d) Pesto ve pişmiş karidesleri ekleyip 5 dakika daha pişirin.
e) Pişen makarnayı sosla kaplayın.

74.İspanyol Ratatouille

İÇİNDEKİLER:
- 1 orta boy soğan (dilimlenmiş veya doğranmış)
- 1 diş sarımsak
- 1 Kabak (doğranmış)
- 1 kutu domates (doğranmış)
- 3 Yemek kaşığı zeytinyağı

TALİMATLAR:
a) Bir tavaya zeytinyağını dökün.
b) Soğanları atın. Orta ateşte 4 dakika kızartma süresi tanıyın.
c) Sarımsakları atın ve 2 dakika daha kızartmaya devam edin.
ç) Tavaya doğranmış kabak ve domatesleri ekleyin. Tuz ve karabiberle tatlandırın.
d) 30 dakika veya bitene kadar pişirin.
e) Arzu ederseniz taze maydanozla süsleyin.
f) Garnitür olarak pilav veya kızarmış ekmekle servis yapın.

75. Rezene ile Karides

İÇİNDEKİLER:

- 2 diş sarımsak (dilimlenmiş)
- 2 yemek kaşığı zeytinyağı
- 1 rezene ampulü
- 600 gr kiraz domates
- 15 adet soyulmuş büyük boy karides

TALİMATLAR:

a) Büyük bir tencerede yağı ısıtın. Dilimlenmiş sarımsakları altın kahverengi olana kadar kızartın.

b) Rezeneyi tavaya ekleyin ve kısık ateşte 10 dakika pişirin.

c) Büyük bir karıştırma kabında domates, tuz, karabiber, manzanilla şeri ve beyaz şarabı birleştirin. Sos koyulaşıncaya kadar 7 dakika kadar kaynatın.

ç) Soyulmuş karidesleri üstüne yerleştirin ve 5 dakika veya karidesler pembeleşene kadar pişirin.

d) Maydanoz yapraklarıyla süsleyin.

e) Yanında ekmekle servis yapın.

76.Fırında Fas Somonu

İÇİNDEKİLER:
- 4 somon filetosu
- 2 yemek kaşığı zeytinyağı
- 2 yemek kaşığı limon suyu
- 2 diş sarımsak, kıyılmış
- 1 çay kaşığı kurutulmuş kekik

TALİMATLAR:
a) Fırını 200°C'ye (400°F) önceden ısıtın.
b) Küçük bir kapta zeytinyağı, limon suyu, kıyılmış sarımsak, kurutulmuş kekik, tuz ve karabiberi karıştırın.
c) Somon filetolarını parşömen kağıdıyla kaplı bir fırın tepsisine yerleştirin.
d) Somonu zeytinyağı karışımıyla fırçalayın.
e) Önceden ısıtılmış fırında 20-25 dakika veya somon iyice pişene kadar pişirin.
f) Fırında Fas Somonunu en sevdiğiniz tahıllardan oluşan bir yatağın üzerinde veya taze bir salatanın yanında servis edin.

77.Beyaz fasulye çorbası

İÇİNDEKİLER:

- 1 doğranmış soğan
- 2 yemek kaşığı zeytinyağı
- 2 adet doğranmış kereviz sapı
- 3 diş kıyılmış sarımsak
- 4 bardak konserve cannellini fasulyesi

TALİMATLAR:

a) Büyük bir tavada yağı ısıtın.
b) Kereviz ve soğanı yaklaşık 5 dakika pişirin.
c) Kıyılmış sarımsağı ekleyin ve birleştirmek için karıştırın. 30 saniye daha pişirin.
ç) Konserve cannellini fasulyesini, 2 bardak tavuk suyunu, biberiyeyi, tuzu, karabiberi ve brokoliyi ekleyin.
d) Sıvıyı kaynatın ve ardından 20 dakika kısık ateşte pişirin.
e) Çorbayı istenilen pürüzsüzlüğe ulaşana kadar el blenderiyle karıştırın.
f) Isıyı en aza indirin ve trüf yağını serpin.
g) Çorbayı tabaklara paylaştırıp servis yapın.

78. Karides Gambas

İÇİNDEKİLER:

- 1/2 su bardağı zeytinyağı
- 1 limonun suyu
- 2 çay kaşığı deniz tuzu
- 24 orta-büyük karides, kabuklu, başları sağlam

TALİMATLAR:

a) Bir karıştırma kabında zeytinyağı, limon suyu ve tuzu birleştirin ve iyice birleşene kadar çırpın. Karidesleri hafifçe kaplamak için onları birkaç saniye karışıma batırın.

b) Kuru bir tavada yağı yüksek ateşte ısıtın. Gruplar halinde çalışarak, çok sıcak olduğunda karidesleri tavayı doldurmadan tek bir katman halinde ekleyin. 1 dakika kızartma

c) Isıyı orta dereceye düşürün ve bir dakika daha pişirin. Isıyı en yükseğe çıkarın ve karidesleri 2 dakika daha veya altın rengi olana kadar kızartın.

ç) Karidesleri, fırına dayanıklı bir tabakta, düşük sıcaklıkta sıcak tutun.

d) Kalan karidesleri de aynı şekilde pişirin.

79.Izgara Limon Otlu Tavuk

İÇİNDEKİLER:
- 4 kemiksiz, derisiz tavuk göğsü
- 2 limon
- 2 yemek kaşığı zeytinyağı
- 2 çay kaşığı kurutulmuş kekik
- Tatmak için biber ve tuz

TALİMATLAR:
a) Izgarayı orta-yüksek ısıya kadar önceden ısıtın.

b) Bir kasede bir limonun suyunu, zeytinyağını, kurutulmuş kekiği, tuzu ve karabiberi karıştırın.

c) Tavuk göğüslerini açılıp kapanabilir bir plastik torbaya koyun ve üzerine turşuyu dökün. Torbayı kapatın ve en az 30 dakika marine edilmesini bekleyin.

ç) Tavuğu her tarafı yaklaşık 6-8 dakika veya tamamen pişene kadar ızgarada pişirin.

d) Servis yapmadan önce kalan limonun suyunu ızgara tavuğun üzerine sıkın.

80. Domatesli ve Fesleğenli Makarna

İÇİNDEKİLER:
- 8 ons tam buğdaylı spagetti
- 2 su bardağı kiraz domates, ikiye bölünmüş
- 1/4 bardak taze fesleğen, doğranmış
- 2 yemek kaşığı sızma zeytinyağı
- 2 diş sarımsak, kıyılmış

TALİMATLAR:
a) Spagettiyi paket talimatlarına göre pişirin.
b) Büyük bir kapta kiraz domatesleri, taze fesleğeni, zeytinyağını ve kıyılmış sarımsağı birleştirin.
c) Haşlanmış spagettiyi kaseye atın ve iyice birleşene kadar karıştırın.
ç) İsteğe bağlı olarak ilave taze fesleğen ile süslenerek hemen servis yapın.

81.Fas Salsa ile Fırında Somon

İÇİNDEKİLER:

- 4 somon filetosu
- 1 su bardağı kiraz domates, doğranmış
- 1/2 salatalık, doğranmış
- 1/4 bardak Kalamata zeytini, dilimlenmiş
- 2 yemek kaşığı sızma zeytinyağı
- 1 yemek kaşığı taze limon suyu

TALİMATLAR:

a) Fırını 200°C'ye (400°F) önceden ısıtın.

b) Somon filetolarını parşömen kağıdıyla kaplı bir fırın tepsisine yerleştirin.

c) Salsayı hazırlamak için bir kasede doğranmış kiraz domatesleri, salatalık, zeytin, zeytinyağı ve limon suyunu birleştirin.

ç) Somon filetolarının üzerine salsayı kaşıkla dökün.

d) 15-20 dakika veya somon iyice pişene kadar pişirin.

82. Nohut ve Ispanak Yahnisi

İÇİNDEKİLER:

- 2 kutu (her biri 15 oz) nohut, süzülmüş ve durulanmış
- 1 soğan, doğranmış
- 3 diş sarımsak, kıyılmış
- 1 kutu (14 oz) doğranmış domates
- 4 su bardağı taze ıspanak
- Tatmak için biber ve tuz

TALİMATLAR:

a) Geniş bir tencerede doğranmış soğan ve sarımsağı yumuşayana kadar soteleyin.

b) Nohutları ve doğranmış domatesleri suyuyla birlikte ekleyin. İyice karıştırın.

c) 15-20 dakika kadar kaynatıp tatların birbirine geçmesini sağlayın.

ç) Taze ıspanakları ekleyip suyunu çekene kadar pişirin.

d) Servis yapmadan önce tadına bakmak için tuz ve karabiber serpin.

83. Limonlu Sarımsaklı Karides Şiş

İÇİNDEKİLER:
- 1 kiloluk büyük karides, soyulmuş ve ayrılmış
- 3 yemek kaşığı zeytinyağı
- 3 diş sarımsak, kıyılmış
- 1 limon kabuğu rendesi ve
- 2 yemek kaşığı taze maydanoz, doğranmış

TALİMATLAR:
a) Izgarayı veya ızgara tavasını önceden ısıtın.
b) Bir kapta zeytinyağını, kıyılmış sarımsağı, limon kabuğu rendesini ve kıyılmış maydanozu karıştırın.
c) Karidesleri şişlere geçirin ve üzerine limon-sarımsak karışımını sürün.
ç) Karides şişlerinin her tarafını 2-3 dakika veya opaklaşana kadar ızgara yapın.
d) İlave limon dilimleri ile servis yapın.

84.Kinoa Salata Kasesi

İÇİNDEKİLER:
- 1 bardak kinoa, pişmiş
- 1 salatalık, doğranmış
- 1 su bardağı kiraz domates, ikiye bölünmüş
- 1/2 bardak beyaz peynir, ufalanmış
- 2 yemek kaşığı kırmızı şarap sirkesi

TALİMATLAR:
a) Bir kapta pişmiş kinoa, salatalık, kiraz domates ve beyaz peyniri birleştirin.
b) Kırmızı şarap sirkesini gezdirin ve birleştirmek için fırlatın.
c) Serinletici bir kinoa salatası kasesi olarak servis yapın.

85.Patlıcan ve Nohut Yahni

İÇİNDEKİLER:
- 1 büyük patlıcan, doğranmış
- 1 kutu (15 oz) nohut, süzülmüş ve durulanmış
- 1 kutu (14 oz) doğranmış domates
- 1 soğan, doğranmış
- 2 yemek kaşığı zeytinyağı

TALİMATLAR:
a) Geniş bir tencerede yemeklik doğranmış soğanı zeytinyağında yumuşayana kadar kavurun.

b) Suyuyla birlikte doğranmış patlıcan, nohut ve doğranmış domatesleri ekleyin.

c) 20-25 dakika veya patlıcanlar yumuşayana kadar pişirin.

ç) Servis yapmadan önce tadına bakmak için tuz ve karabiber serpin.

86.Limonlu Otlu Fırında Morina

İÇİNDEKİLER:

- 4 morina filetosu
- 2 limonun suyu
- 3 yemek kaşığı zeytinyağı
- 2 çay kaşığı kurutulmuş kekik
- Tatmak için biber ve tuz

TALİMATLAR:

a) Fırını 200°C'ye (400°F) önceden ısıtın.
b) Morina filetolarını bir fırın tepsisine yerleştirin.
c) Bir kapta limon suyu, zeytinyağı, kurutulmuş kekik, tuz ve karabiberi karıştırın.
ç) Karışımı morina filetolarının üzerine dökün.
d) 15-20 dakika veya morina çatalla kolayca pul pul dökülene kadar pişirin.

87.Fas Mercimek Salatası

İÇİNDEKİLER:

- 1 su bardağı pişmiş mercimek
- 1 salatalık, doğranmış
- 1 su bardağı kiraz domates, ikiye bölünmüş
- 1/4 bardak kırmızı soğan, ince doğranmış
- 2 yemek kaşığı balzamik sirke

TALİMATLAR:

a) Büyük bir kapta pişmiş mercimek, doğranmış salatalık, kiraz domates ve doğranmış kırmızı soğanı birleştirin.

b) Balzamik sirkeyi gezdirin ve birleştirmek için fırlatın.

c) Doyurucu bir mercimek salatası olarak servis yapın.

88.Ispanaklı ve Beyaz Biber Dolması

İÇİNDEKİLER:
- 4 dolmalık biber, ikiye bölünmüş ve çekirdekleri çıkarılmış
- 2 su bardağı taze ıspanak, doğranmış
- 1 su bardağı beyaz peynir, ufalanmış
- 1 kutu (14 oz) doğranmış domates, süzülmüş
- 2 yemek kaşığı zeytinyağı

TALİMATLAR:
a) Fırını önceden 375°F'ye (190°C) ısıtın.

b) Bir kapta doğranmış ıspanak, beyaz peynir, doğranmış domates ve zeytinyağını karıştırın.

c) Her dolmalık biberin yarısını ıspanak ve beyaz peynir karışımıyla doldurun.

ç) 25-30 dakika veya biberler yumuşayana kadar pişirin.

89. Karides ve Avokado Salatası

İÇİNDEKİLER:
- 1 kiloluk karides, soyulmuş ve ayrılmış
- 2 avokado, doğranmış
- 1 su bardağı kiraz domates, ikiye bölünmüş
- 2 yemek kaşığı taze kişniş, doğranmış
- 1 misket limonunun suyu

TALİMATLAR:
a) Karidesleri pembe ve opaklaşana kadar tavada pişirin.
b) Bir kasede pişmiş karidesleri, doğranmış avokadoları, kiraz domatesleri ve doğranmış kişnişleri birleştirin.
c) Limon suyunu gezdirin ve birleştirmek için hafifçe fırlatın.
ç) Serinletici karides ve avokado salatası olarak servis yapın.

90.İtalyan Fırında Tavuk But

İÇİNDEKİLER:
- 4 tavuk budu, kemikli, derili
- 1 kutu (14 oz) doğranmış domates, süzülmemiş
- 2 yemek kaşığı zeytinyağı
- 2 çay kaşığı İtalyan baharatı
- Tatmak için biber ve tuz

TALİMATLAR:
a) Fırını önceden 375°F'ye (190°C) ısıtın.
b) Tavuk butlarını bir fırın tepsisine yerleştirin.
c) Bir kapta doğranmış domatesleri, zeytinyağını, İtalyan baharatlarını, tuzu ve karabiberi karıştırın.
ç) Domatesli karışımı tavuk butlarının üzerine dökün.
d) 35-40 dakika veya tavuk 74°C (165°F) iç sıcaklığa ulaşana kadar pişirin.

91.Kinoa Dolma Biber

İÇİNDEKİLER:
- 4 dolmalık biber, ikiye bölünmüş ve çekirdekleri çıkarılmış
- 1 su bardağı pişmiş kinoa
- 1 kutu (15 oz) siyah fasulye, süzülmüş ve durulanmış
- 1 su bardağı mısır taneleri (taze veya dondurulmuş)
- 1 bardak salsa

TALİMATLAR:
a) Fırını önceden 375°F'ye (190°C) ısıtın.
b) Bir kapta pişmiş kinoa, siyah fasulye, mısır ve salsayı karıştırın.
c) Kinoa karışımını her dolmalık biber yarısına kaşıkla dökün.
ç) 25-30 dakika veya biberler yumuşayana kadar pişirin.

TATLI

92.Fas Portakallı ve Kakuleli Kek

İÇİNDEKİLER:

- 2 portakal, temizlenmiş
- 6 yeşil kakule kabuğunun tohumları, ezilmiş
- 6 büyük yumurta
- 200 gr. paket çekilmiş badem
- 50 gr polenta
- 25g kendiliğinden kabaran un
- 2 çay kaşığı kabartma tozu
- 1 yemek kaşığı file badem
- Servis için Yunan yoğurdu veya kreması

TALİMATLAR:

a) Portakalları bütün olarak bir tencereye koyun, üzerini suyla örtün ve bıçak onları kolayca delinceye kadar 1 saat kaynatın. Gerekirse, suyun altında kalması için doğrudan üstüne küçük bir tencere kapağı yerleştirin.

b) Portakalları çıkarın, soğutun, ardından dörde bölün ve çekirdeklerini ve özlerini çıkarın. Bir el blenderi veya mutfak robotu kullanarak kaba bir püre haline getirin, ardından büyük bir kaseye yerleştirin.

c) Fırını 160C/140C fanlı/gazlıya önceden ısıtın 3.

d) 21 cm'lik gevşek tabanlı kek kalıbının tabanını ve yanlarını pişirme kağıdıyla kaplayın.

e) Kakule ve yumurtaları portakal püresine çırpın.

f) Öğütülmüş bademleri polenta, un ve kabartma tozuyla karıştırın, ardından iyice karışana kadar portakal karışımına ekleyin.

g) Karışımı kalıba kazıyın, üstünü düzeltin ve 40 dakika pişirin.

h) 40 dakika sonra, bademleri kekin üzerine serpin, fırına geri dönün ve ortasına batırdığınız kürdan temiz çıkana kadar 20-25 dakika daha pişirin.

i) Kalıptan çıkarıp soğumaya bırakın.

j) Dilimlenmiş olarak kek olarak veya tatlı olarak Yunan yoğurdu veya kremayla servis yapın.

93.Fas Portakal Şerbeti

İÇİNDEKİLER:
- 4 su bardağı taze portakal suyu
- ½ bardak bal
- 1 portakalın kabuğu rendesi
- 1 yemek kaşığı limon suyu

TALİMATLAR:

a) Bir kapta taze portakal suyu, bal, portakal kabuğu rendesi ve limon suyunu birleştirin. Bal eriyene kadar karıştırın.

b) Karışımı bir dondurma makinesine dökün ve üreticinin talimatlarına göre çalkalayın.

c) Çalkalandıktan sonra şerbeti kapaklı bir kaba aktarın ve servis yapmadan önce en az 2 saat dondurun.

ç) Kepçe ve tadını çıkarın!

94.Kayısılı ve Bademli Tart

İÇİNDEKİLER:
- 1 yaprak puf böreği, çözülmüş
- ½ su bardağı badem unu
- ¼ bardak bal
- 1 çay kaşığı badem özü
- 1 su bardağı taze kayısı, dilimlenmiş

TALİMATLAR:
a) Fırını önceden 375°F'ye (190°C) ısıtın. Milföy hamurunu bir fırın tepsisine yayın.
b) Bir kapta badem unu, bal ve badem özünü karıştırın.
c) Bademli karışımı milföy hamurlarının üzerine yayın.
ç) Üzerine dilimlenmiş kayısıları dizin.
d) 20-25 dakika veya hamur işi altın rengi kahverengi olana kadar pişirin.
e) Dilimlemeden önce tartın soğumasını bekleyin.

95.Fas Fırında Şeftali

İÇİNDEKİLER:
- 4 olgun şeftali, ikiye bölünmüş ve çekirdekleri çıkarılmış
- 2 yemek kaşığı bal
- ¼ su bardağı kıyılmış ceviz veya badem
- 1 çay kaşığı öğütülmüş tarçın
- 1 yemek kaşığı sızma zeytinyağı

TALİMATLAR:
a) Fırını önceden 375°F'ye (190°C) ısıtın.
b) Şeftali yarımlarını kesilmiş tarafı yukarı bakacak şekilde bir fırın tepsisine yerleştirin.
c) Her şeftali yarısının üzerine bal gezdirin.
ç) Kıyılmış fındıkları şeftalilerin üzerine eşit şekilde serpin.
d) Şeftalilerin üzerine toz tarçın serpin.
e) Üzerine sızma zeytinyağını gezdirin.
f) Önceden ısıtılmış fırında 20-25 dakika veya şeftaliler yumuşayana kadar pişirin.
g) Fırından çıkarın ve servis yapmadan önce biraz soğumalarını bekleyin.

96.Zeytinyağlı ve Limonlu Bisküvi

İÇİNDEKİLER:

- 2 su bardağı badem unu
- ¼ bardak zeytinyağı
- ¼ bardak bal
- 1 limon kabuğu rendesi ve
- ½ çay kaşığı karbonat

TALİMATLAR:

a) Fırını önceden 350°F'ye (180°C) ısıtın. Bir fırın tepsisini parşömen kağıdıyla hizalayın.

b) Bir kapta badem unu, zeytinyağı, bal, limon kabuğu rendesi ve kabartma tozunu hamur oluşana kadar karıştırın.

c) Hamurdan yemek kaşığı büyüklüğünde parçalar alıp yuvarlayın. Hazırlanan fırın tepsisine yerleştirin.

ç) Her topu bir çatalla düzleştirerek çapraz bir desen oluşturun.

d) 10-12 dakika veya kenarları altın rengi kahverengi olana kadar pişirin.

e) Servis yapmadan önce bisküvilerin soğumasını bekleyin.

97.Fas Meyve Salatası

İÇİNDEKİLER:
- 2 su bardağı karışık meyveler (çilek, yaban mersini, ahududu)
- 1 su bardağı doğranmış karpuz
- 1 su bardağı doğranmış ananas
- 1 yemek kaşığı taze nane, doğranmış
- 1 yemek kaşığı bal

TALİMATLAR:
a) Büyük bir kapta karışık meyveleri, karpuzu ve ananası birleştirin.
b) Kıyılmış naneyi meyvelerin üzerine serpin.
c) Balı salatanın üzerine gezdirin ve yavaşça karıştırın.
ç) Servis yapmadan önce en az 30 dakika buzdolabında saklayın.

98.Fas Ballı Puding

İÇİNDEKİLER:
- ½ bardak kuskus
- 1,5 su bardağı badem sütü (veya dilediğiniz herhangi bir süt)
- 3 yemek kaşığı bal
- ½ çay kaşığı öğütülmüş tarçın
- ¼ su bardağı doğranmış kuru incir

TALİMATLAR:
a) Bir tencerede badem sütünü hafif kaynama noktasına getirin.
b) Kuskusu karıştırın, kapağını kapatın ve kısık ateşte yaklaşık 10 dakika veya kuskus yumuşayana kadar pişirin.
c) Bal ve öğütülmüş tarçını karıştırın. 2-3 dakika daha pişirin.
ç) Tencereyi ocaktan alıp biraz soğumaya bırakın.
d) Doğranmış kuru incirleri karıştırın.
e) Pudingi servis kaselerine paylaştırın.
f) Sıcak veya soğutulmuş olarak servis yapın.

99.Bademli Portakallı Unsuz Kek

İÇİNDEKİLER:

- 1 su bardağı badem unu
- ¾ bardak şeker
- 3 büyük yumurta
- 1 portakalın kabuğu rendesi
- ¼ bardak taze portakal suyu

TALİMATLAR:

a) Fırını önceden 350°F'ye (180°C) ısıtın. Kek kalıbını yağlayıp dizin.

b) Bir kapta badem unu, şeker, yumurta, portakal kabuğu rendesi ve taze portakal suyunu pürüzsüz hale gelinceye kadar çırpın.

c) Hamuru hazırlanan tavaya dökün.

ç) 25-30 dakika veya ortasına batırdığınız kürdan temiz çıkana kadar pişirin.

d) Dilimlemeden önce pastanın soğumasını bekleyin.

100.Portakallı ve Zeytinyağlı Kek

İÇİNDEKİLER:

- 2 su bardağı badem unu
- 1 su bardağı şeker
- 4 büyük yumurta
- ½ su bardağı sızma zeytinyağı
- 2 portakalın kabuğu rendesi

TALİMATLAR:

a) Fırını önceden 350°F'ye (180°C) ısıtın. Kek kalıbını yağlayıp unlayın.

b) Büyük bir kapta badem unu, şeker, yumurta, zeytinyağı ve portakal kabuğu rendesini iyice birleşene kadar çırpın.

c) Hamuru hazırlanan tavaya dökün ve 30-35 dakika veya ortasına batırdığınız kürdan temiz çıkana kadar pişirin.

ç) Pastayı soğumaya bırakın ve servis yapmadan önce üzerine pudra şekeri serpin.

ÇÖZÜM

"En iyi fas yemek kitabı" ile leziz yolculuğumuzu tamamlarken, Fas mutfağının zamansız ve büyüleyici dünyasını keşfetmenin mutluluğunu yaşadığınızı umuyoruz. Bu sayfalardaki her tarif, Fas yemeklerini tanımlayan tazeliğin, baharatların ve misafirperverliğin bir kutlamasıdır; mutfağı bu kadar sevilen kılan zengin lezzet dokusunun bir kanıtıdır.

İster klasik bir taginin karmaşıklığının tadını çıkarmış olun, ister Fas kuskusunun kokusunu benimsemiş olun, ister yaratıcı hamur işlerinin tatlılığına kendinizi kaptırmış olun, bu tariflerin Fas mutfağına olan tutkunuzu ateşlediğine inanıyoruz. Malzemelerin ve tekniklerin ötesinde, eskimeyen bir mutfağın yemeklerini keşfetme kavramı, bir bağlantı, kutlama ve insanları bir araya getiren mutfak geleneklerine yönelik bir takdir kaynağı haline gelebilir.

Fas mutfağı dünyasını keşfetmeye devam ederken, Fas'ın özünü yakalayan çeşitli yemekler konusunda size rehberlik edecek olan "En iyi fas yemek kitabı" güvenilir arkadaşınız olsun. Cesur ve aromatik tatların tadına varmak, yemekleri sevdiklerinizle paylaşmak ve Fas mutfağını tanımlayan sıcaklığı ve misafirperverliği kucaklamak için buradayız. B'saha!

www.ingramcontent.com/pod-product-compliance
Lightning Source LLC
Chambersburg PA
CBHW071902110526
44591CB00011B/1511